うなずき力

部下のやる気を引き出す
オヤジ管理職マニュアル33

鈴木誠一郎
SUZUKI SEIICHIROU

Nanaブックス

はじめに

「まえがき」の場を借りて、私がなぜこの本を書こうと思ったのか、お話ししたいと思います。

私は日産自動車株式会社に勤めていた頃、コーチングという手法に出合い、その意義と重要性に〝共感〟して、本格的にコーチングの勉強を始めました。その後、ビジネスコーチとして数々の企業研修をしてきましたが、その中で常に感じていることがあります。それは、あなたのような**「オヤジ」に、もっともっと元気になってもらいたい**ということ。オヤジが元気になれば、ひいてはそれが世の中のためにもなる。私はそう考えています。かく言う私も立派な「オヤジ」です。本書はオヤジの、オヤジによる、オヤジのための本なのです。

「オレたちは元気だ。まだまだ若いヤツには負けてない」と言う人もいるでしょう。でも、少し考えてみてください。上司として部下の面倒を見るのは当たり前とはいうものの、意思の疎通を図ろうとしても、若いヤツの考えていることはどうもわからない。あれやこれや言ってやりたいこともあるから、酒の席でざっくばらんに話をしようと思っても、飲みの誘いは敬遠される。社内で少し強く言うとパワハラだと言われ、親しみを込めて話しかけるとセクハラだと言われる。本人のためを思って指導したつもりが、「僕が考えていた仕事と違う」と会社を辞めてしまうヤツ、職場の人間関係が原因で休職なんて事態も珍しくない。オレたちにどうしろっていうんだ……とお嘆きの方も少なくないのではないでしょうか。

もちろん、パワハラやセクハラという概念が社会に浸透したことにより、救われた人たちも多いことでしょう。しかし、一部の非常識な人間の行為を、まるでオヤジたちの代名詞のように過剰反応される傾向もあり、良識あるオヤジたちにとっては、少々生きにくい社会になっているような気がします。オヤジたちの元気がなくなってきているのは、そんなところにも起因するのかもしれません。

世のオヤジたちに元気を取り戻してもらうこと、それは決して難しいことではありません。なぜならオヤジは、若い人が持っていない素晴らしい能力をすでに身につけているからです。

若い人にはなくてオヤジだけが持っている能力、それは**「うなずき力」**です。

「うなずき力」とは**人の気持ちに共感できるという能力のこと**です。相手の気持ちがわかり、思いを酌むという感覚は、長きを生きてきた年長者だけが、**人生経験を通じて身につけられる能力**といえます。

「この歳になるまで、そりゃあ楽しいこともあったし、つらかったこともあったさ、何度か修羅場も経験したしね……」。こんなことをさらっと言える、それがオヤジなのです。

今の世の中、見渡してみれば**若い人中心で回っています**。ファッション、テレビ番組、雑誌……、すべてが「若い人」の嗜好に合わせたものです。企業は〝活きがいい〟若者をメインターゲットに据えています。反応や市場の動きが速いからです。それは活きがいい魚が、放り込まれたエサにいち早く反応するのに似ているかもしれません。結果、これまで日本の経済成長を推進し、豊かな社会を実現するために奔走してきた中高年のオヤジたちは、なんとなく蚊帳の外……というのが現状です。月々の限られたお小遣いでやりくりするオヤジたちより、自分のためだけに給料を自由にできる若い人を対象にしたほうが、はるかに商売になるのでしょうが。

しかし、私はあえて言いたい。お金一辺倒の価値観から抜け出し、幸せになれる基本は何なのかを見つめ直してみてください。それは、最終的に**人と人との良好な関係**に行き着くのではないでしょうか。お金があれば幸せになれると信じてきたけれど、実はそうじゃなかった。やっぱり人との関係の中に幸せはあるんだよね……と。人は独りでは生きられない生き物です。お金を両脇に抱え込んで独り寂しく過ごす老後と、家族や友だちに囲まれて笑いながら過ごす老後、あなたならどちらを選びますか?

人と人との関係の根本は、相手の気持ちを慮る、酌んであげるという気持ち……すなわち「共感」することです。**そして、「うなずく」ことは、「相手を肯定する」ということでもあります**。自分を肯定してくれる、認めてくれる人を嫌う人はいません。誰もが自分をわかってくれる人を求めています。誰かがちゃんと自分をわかってくれている、評価してくれていると感じるだけで、**人間は何倍もの能力を発揮することができる**のです。若い人がやる気を出して、活気ある職場にできたら、これこそ管理職にとって理想的なことではないですか。

今、まさに**「うなずき力」を持つオヤジが求められています**。オヤジのみなさん、出番ですよ！

しかし残念なことに、ほとんどのオヤジは自分のその能力に気づいていません。自らが持っている「うなずき力」に気づき、積極的に活かすことであなたの周囲から元気にしてほしい、幸せ感を感じさせてあげてほしい、そして何よりも**あなた自身が元気を取り戻してほしい**。そうすればきっと世の中も変わるはず。**「大人」であること、「オヤジ」であることに誇りを持って生きてほしい**、そんな想いをこの本に託しました。

もし、私の考え方に「共感」していただけるなら、それだけでも感謝に堪えません。でも欲を言わせてもらえば、あなたにはご自身の「うなずき力」にいち早く気づいていただいて、多くの方々を元気に幸せにしてあげてほしいと思うのです。

２０１０年10月吉日　鈴木誠一郎

うなずき力
部下のやる気を引き出す オヤジ管理職のためのマニュアル33

◆「目次」

第1章

オヤジの人生が「うなずき」で変わる！

1 「うなずき」はオヤジの〝武器〟だ！

まえがきでも触れましたが、今の世の中、すべてが若者中心で回っています。ファッション、テレビ番組と主要ターゲットは若者層に置かれています。そんな中、中高年世代のいわゆる「オヤジ」たちは低経済成長の中でいまひとつ元気がありません。しかし、オヤジは自分を卑下する必要はまったくありません。なぜなら、**若者たちが持っていない能力を、すでにオヤジは持っている**からです。しかもこの能力はオヤジしか手にすることができない「オヤジ限定」の強力な〝武器〟。長い人生の中で、気づいたら経験値がたまっていた……という感じでしょうか。若い人が躍起になってレベル上げをしても、これだけは手に入れることができません。それが「うなずき力」という能力です。**この「うなずき力」は現代社会において素晴らしい〝武器〟になる**のです。

「うなずく」という言葉を辞書で調べると「承諾や同意などの気持ちを表わすために、首をたてに振る動作」とあります。そして「うなずき力」とは、**相手の感情も含めてあるがままに肯定し、未来に向かって行動する勇気と意欲を引き出していく**

能力をいいます。

職場で上司が部下の努力や成果を認め、未来に向かって同じ立ち位置に立って同じ方向を見ること。家庭では、親が子どもの過去の失敗や努力をまるごと肯定し、未来に向かって踏み出そうと心を通じ合わせること。これが「共感」です。共感というと特別なことのように思われそうですが、簡単に言ってしまえば、**相手の現在の思いを酌んであげるという「心のあり方」**を指します。この共感に触れることによって、**相手は「安心」する**のです。

人は「安心」すると、未来に関心を向けることができます。「国民が夢を描けるのは、その国が平和な証拠だ」という言葉を聞いたことがありますが、それに近いかもしれません。**未来に関心を向けるということは、前進するための機動力につながります**。前のめりに体を傾けると、思わず足が一歩前に出てしまうように、知らず知らずのうちに歩き始めていた……ということもあるでしょう。

あなたが共感していくことで、**彼ら自身の内側から強烈な「やる気」を呼び覚ましてあげることができる**わけです。これがオヤジの大切な使命なのです。

否定からは、反発、落胆、不信、無気力、不和など、マイナスしか生まれません。肯定して初めて、プラスに回っていくのです。今、職場でも家庭でも最も求められている「肯定＝共感＝うなずき」という〝武器〟を持って、あなたにはぜひ大活躍していただきたい。なぜなら、「うなずき」はオヤジ限定の〝武器〟であるがゆえに、オヤジにしか使いこなせないからです。しかも、年を重ねた者ならばすでに手に入れているもの。あとはあなた自身が気づくだけなのです。「うなずき力」を駆使することで、あなたは職場でも家庭でも、重要な「人材」となります。「うなずき力」を装備したあなたは、もはや「ただのオヤジ」ではありません。一躍注目される「うなずきオヤジ」に変身したのです。

2 オヤジの「うなずき」が部下を救う

イマドキの若手社員は仕事や会社に対して一体どんな欲求を持っているのでしょうか。ここに最近の若手社員の価値観に関するデータがあります。

Q 仕事に対して、お金以外の報酬として何が大事か？

1位　仕事自体の面白さや刺激　44・5％

2位　同僚や後輩から信頼されたり感謝されたりすること　35・0％
3位　顧客から感謝されること　34・2％
4位　上司から高い評価や承認が得られること　26・6％
5位　一緒に仕事をする仲間の質が高いこと　21・9％

（NRI「仕事に対するモチベーションに関する調査（2005年）」より）

注目すべきは、第2位〜第4位の項目です。人から「感謝される」「高い評価や承認が得られる」ことは、いずれも認められ、共感されることを意味しています。つまり、これらはすべて、**人から共感されたいという「共感欲求」の表れである**ということです。仕事の報酬として彼らは、他人から認められ、共感されることを切望しています。これは「心の充足感」を求めていると言い換えることもできます。

このように、現代の若手社員の欲求は、オヤジ世代が若手であった頃とは様変わりしています。その欲求レベルも、マズローの「欲求段階説」からすれば、より上位欲求である「自我欲求」の段階に達しているといえます。オヤジ世代が若手であった当時と比べると、1段高い欲求段階に来ているのです。

したがって、今日求められている上司像というものも、時代の流れとともに変化

マズローの「欲求段階説」のピラミッド

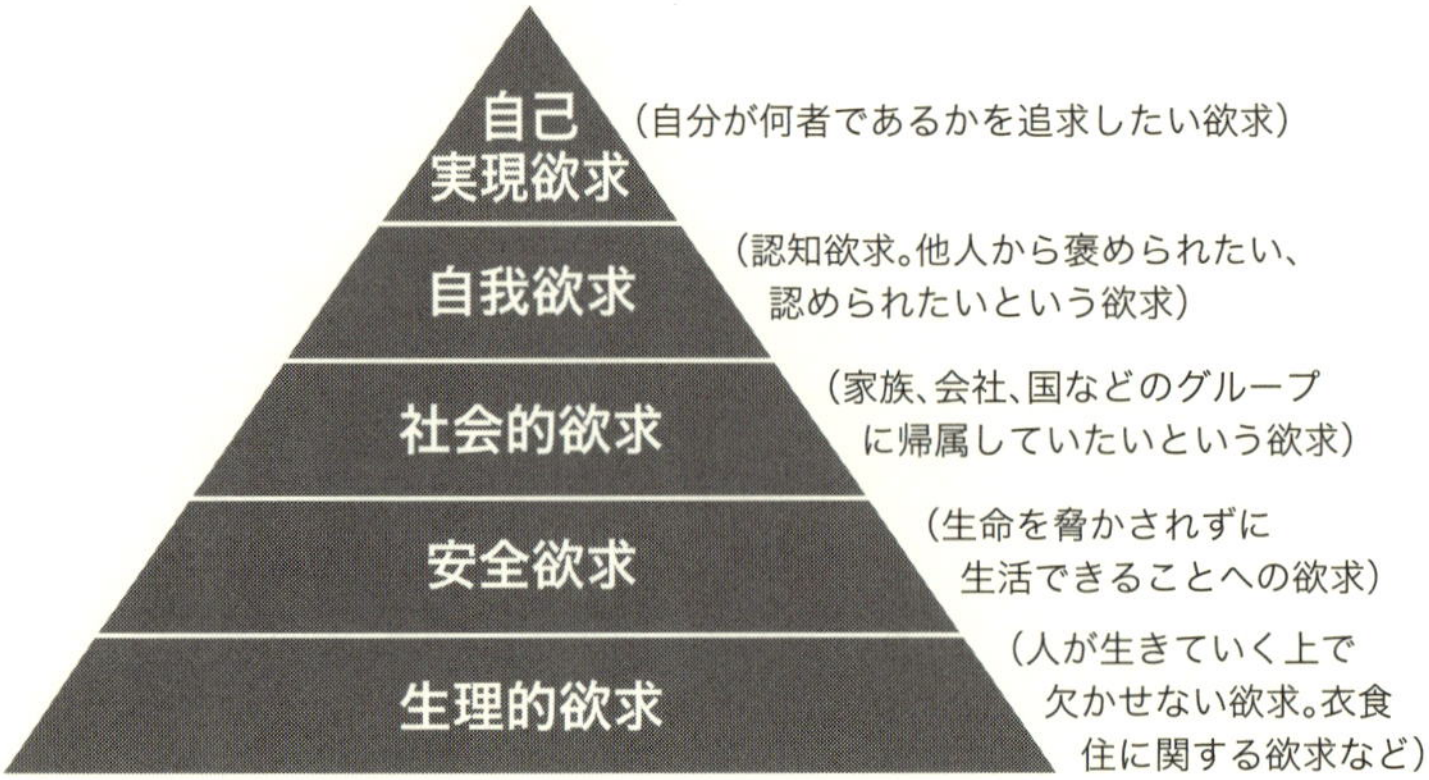

しているのがおわかりいただけるでしょう。**上司が身につけるべき能力は、部下の立場に立って、部下の心の動きを読めること**なのです。

上司が部下の心を読み、その状況の中で部下が最も望んでいることに共感できれば、部下は求めているものが手に入ることになり、安心して目の前の仕事に集中することができます。

まだ一人前とはいえない営業担当者が、どうしても決めなくてはならない重要な商談に、今まさに出かけようとしているとします。このとき、彼はどんな心境で、どんな言葉を上司からかけてもらいたいと思っているでしょうか。

また、上司が彼の心の動きを読み、ま

さに彼の不安が頂点に達したと思えた瞬間に、「訪問先に入る前に目を通してみて」と言って、商談心得のメモをサッと手渡したとします。彼はその行為をどう思うでしょう。メモを読んでいるとき、何を思うでしょう。

メモの内容自体は一般的なことしか書かれておらず、その商談に対して特別有効なアドバイスではないかもしれません。しかし、彼にはどこか心強く感じる気持ちが生まれているのではないでしょうか。「よし、やってやるぞ」と笑みさえ浮かぶかもしれません。離れていても、自分のことを心配してくれている人がいる、ちゃんと見てくれている人がいると感じると、人は勇気が出てくるものです。**メモの内容よりも、メモをくれた上司の「心遣い」のほうが、彼にとっては重要なこと**なのです。

オヤジ管理職はまず、**「若手社員は常に、自分が共感されることを求めている」ことをしっかりと認識する**必要があります。そうすれば、今「うなずき力」が必要な理由も見えてくるはずです。「うなずき力」を駆使し、彼らを勇気づけ、やる気を引き出してあげてください。人は不安なとき、苦しいとき、悩んでいるときに気持ちを理解してくれて、的確なアドバイスや言葉をかけてくれたことはずっと忘れません。いつかは「あんな先輩に憧れる」「あんな上司になりたい」という気持ちになるでしょう。そして、今度は自分が先輩に、上司になったときに、同じことを後輩や部下にしてやることができます。まさしく正のスパイラルです。それが企業文化、社風に育っていったとしたら素晴らしいことだとは思いませんか。

余談ですが、ある退職希望者は「会社の中で、自分の将来像が見えない」というのを退職理由に挙げていました。どういうことかというと、このまま会社の中にいても、自分がどういうふうにキャリアアップしていくのかが想像できない、つまり「目標とするべき先輩や上司がいない」ということでした。「あんな人になりたい」と思う気持ちは、人を成長させる強い原動力になります。もしかしたら、**あなたが「うなずき力」を発揮することで、会社の「人財」流出を防げる**かもしれません。

3 共感オヤジは「うなずき」じょうず

あなたが共感していることを、部下にハッキリと認識させることができればその効力は直ちに機能し始めます。しかし、どうやって認識させるのかが問題です。実は、あなたの「共感していますよメッセージ（以下、共感メッセージ）」を部下に伝える、とっておきの手段があります。しかも非常に簡単で誰でもすぐに実行することができるものです。一体どうすればいいのでしょうか。

それは「うなずく」ことです。部下からもハッキリと見てわかる共感メッセージを伝える方法、それは相手の話を聞きながらタイミングよく「うなずく」ことなのです。

「なあんだ、そんなことか」と思いましたか？　そう、とても簡単なのです。

私たちが理解している「うなずく」という行為は、「あなたの話をちゃんと聞いていますよ」という身振り（サイン）です。それを確認することで、話し手は安心して話を続けることができます。逆に、「うなずく」行為が確認できなかった場合、「聞いてないのかな」「何か気に障ったのかな」と急に不安になり、話を続けるどころではありません。「どうかした？」と思わず確認せずにはいられないでしょう。

つまり**「うなずく」ことは「私はあなたの話をきちんと聞いています」というだけでなく、「あなたの気持ちが理解できます」というサイン**でもあるわけです。

人は、自分の話すことに黙って耳を傾けてくれている、そして時々うなずいてくれるということは、自分の思いを受け止めてくれている、自分を理解してくれているという証しだと感じます。だから話をしているときに相手にうなずいてもらえると、なぜかとても安心するのです。

共感の具体的な表現方法である「うなずき」を使うことで、業績を飛躍的に伸ばした店舗があります。消費材を扱うその店舗は、パワーを持つ営業が揃っているので、もっと業績が良くてもおかしくない店舗でした。

私が最初にこの営業所を訪れたとき、工場の前を通りましたが、目が合っても作業員から言葉はありませんでした。ショールームのバックヤードにあるオフィスに入ると営業が全員席にいるにもかかわらず、皆うつむいていて話し声も聞こえず、シーンとしていたのです。そしてその奥に、店長と思われる人がこちらを向いていましたが、私を見ても表情ひとつ変えなかったのが印象に残っています。

店長との最初の打ち合わせで、今後しばらくの間、私がこの店舗をフォローすることを告げ、店長に約束ごとを説明し受け入れてもらいました。

その約束とは、

(1) 怒らない！ 小言を言わない！
(2) 部下の話を「うなずき」ながら最後まで聞く
(3) 怒り、不満、不安はすべてコーチ（私）に言う

の3つでした。

「これでは部下になめられる」と言う店長に、「あなたが店長という地位にいる限り、そうはならない」と説得し、3つの約束を守り続けてもらいました。私は週1〜2回の訪問に加え、毎朝店長あてにリマインド・メールを送り続けました。リマインド・メールは店長の気が変わらないように、悪い慣習に押し流されないように、毎日読むたびに約束を思い出してもらうために続けました。

この3つの約束には理由がありました。私には、店舗の一日を体験して気づいたことがあったのです。

それは、①店長からスタッフには一方的な指示命令が出されている、②ミーティングでは部下の意見を聞き出していない、③常に店長がしゃべっている、④店長は時々誰かを叱咤するが、ねぎらいの言葉は一切聞こえてこない、というものでした。

つまり、一日を通して、店長から部下が受け取る「共感」は一つも存在していなかったのです。

店長が部下につい声を荒らげてしまうというのは、部下を思うようにコントロールできていないという店長自身のイラ立ちが原因でした。たとえば子どもであっても、親が言うことを聞かせようと思って声を荒らげると反発してきます。親はさらにイラ立ってもっと声を荒らげてしまいます。部下は上司に対して、子どものように反発することはありません。ただ協力しないだけです。動いているふりをするだけです。

その後、店長には、共感することの効力と「うなずく」ことの関係を理解していただきました。「うなずく」という行為が部下への共感メッセージとなり、部下の自己肯定につながってやる気が出てくるという話です。私は店長に言いました。「これまで罵声を飛ばしてやってきたにもかかわらず業績は良くないし、店長自身も気分が良くないはず。それなら思い切ってやり方を変えてみませんか」。罵声を浴びせるやり方ではなく、彼らに「共感」していく方法を取ってみませんかと提案したのです。

「恫喝することで人を動かすやり方を取っていれば、これからもずっと恫喝し続けなくてはなりませんよ。それって大変じゃあないですか」。店長は苦虫を噛み潰したような顔で私の話を聞いていました。私は同時にスタッフ・インタビューした結果も、店長に伝えました。

「スタッフは店長から恫喝されたり、小言を言われたりすることで気持ちが萎縮し、意欲が減退してしまうと言っています。彼らのやる気を減退させないことだけに集中してみませんか」。それでも店長はじっと押し黙っていました。

店長はただひたすら部下の話を聞いてうなずいていればいいこと、私も一緒にそばで見守っていることを伝えると、店長も「それなら」と承諾してくれたのです。もしかしたら、私の取り組みが会社から「公認」された活動だったことも後押ししてくれたのかもしれません。それから毎週1～2回訪問しては、私は店長と話を続けました。

店長も今までのやり方とは様変わりしたことから、かなり気苦労があったと思います。営業が帰社すると、店長は一人ずつ報告を受けます。部下の報告を最後までじっと聴きながら、必ず所々でうなずいていました。毎日、部下の話を聞いてはひたすら「うなずく」ことだけに徹したのです。

それまでの店長は、「部下を人格を持った一人の人間として見ていなかった」と言われても仕方ありませんでした。そういう態度を取ってきたからです。しかし、人は自分をモノのように軽く扱うような人間の言うことを聞こうとは思わないものです。たとえ行動したとしても、それは「ふり」をしているにすぎません。

一方、**人は自分を大事にしてくれた相手に対しては、その好意を相手に返そうと**

思うものです。この習慣は「好意の返報性」と呼ばれます。だから、自分を大事にしてくれる相手から頼まれた、指示されたときに初めて行動するわけです。

店舗で活動を開始して約6カ月後のある日、店舗を訪れてみるとオフィス内でも雑談が自然に出るようになり、時折笑い声も聞こえるようになっていました。

そして8カ月目になったとき、店舗に変化が起きました。

それまで月にせいぜい2件ぐらいしか成約が取れなかった若手の営業担当が、初めて5件成約するという快挙が出たのです。私はすぐにその営業担当に話を聞きました。

彼は、とにかく**毎日店長の罵声や小言を聞くことがなくなっただけでも萎縮することがなくなった**と言いました。店長からいちいち指示されているときは、すごく面倒くさく感じたけれど、言われなくなってからは自分で訪問スケジュールを決めて実行するようになり、それによって**「自分の意思で仕事をしている」という達成感を感じる**ようになったのです。そうこうしているうちに自然と商談が発生し、成約できるようになったというわけです。

やがてこの若手に触発されるように、ベテラン勢も成約を取るようになっていきました。そして店舗開設以来初めて、全店でベスト8位にランクインしたのです。

その後も快挙は続きました。**翌月にはベスト6位になり、翌々月にはなんと全社でベスト3位**になってしまったのです。

このとき、店舗ではいろいろな変化が起きていました。来店されたお客さまにはスタッフの明るい挨拶が響きました。オフィスでは、スタッフ同士が談笑していました。以前は、「辞めたい」と口にしていた女性営業は、明るい表情で家族連れに対応していました。同じく「辞めたい」ともらしていた女性事務員も、いつしかそんなことは言わなくなっていました。

どれもこれも店長が我慢しつつも部下の話に最後まで耳を傾け、ひたすら「うなずき」、「共感」し続けた結果でした。職場に安心できる雰囲気が生まれていったのです。それに伴ってスタッフに活動意欲が湧いてきたのでしょう。**オフィス内の雰囲気とともに業績も一変**したのです。

店長も、最初は半信半疑で「うなずいて」いたようでしたが、途中から部下一人ひとりの気持ちがわかるようになったと話してくれました。部下の気持ちを理解しよう、共感しようという店長の気持ちが功を奏したのでした。

共感し、うなずくことは誰でもすぐできることですが、「うなずき力」を十分に発揮することができる「うなずき方」というものがあります。ポイントは次のようなものです。

【うなずき方のポイント】

- **相手の目を見て**
- **ゆっくりと深く**
- **「あるがまま、すべて受け入れますよ」というような目でうなずく**

別に難しくありません。数回意識すれば誰にでもできるものです。

これが「うなずき方」の基本形です。こうすることで「私はあなたに共感しています」というメッセージが確実に相手に伝わります。

重要なのは、あなたから相手の気持ちを理解したい、知りたいという心のあり方だということを忘れないでください。

4 共感オヤジはリストラされない！

部下に対して、共感しようと常に心がけているオヤジは会社にとっても大切な存在となります。部下はいつも上司から共感されることを欲しています。そして部下は欲しいものが手に入れば安心して目の前の仕事に精を出します。**部下を「やる気」にさせる人材は、会社にとって極めて重要な人財である**ことは言うまでもありません。

こんな話があります。

販売課長のAさんは、ヒラの営業担当だった時代、営業所でトップセールスを維持し続け、会社から様々な表彰を受けた優秀な社員でした。販売課長になってからは、部下に自分が現場でやってきたことをその都度教え、指導してきました。しかし、部下は自分が思うように行動できておらず、そのことを不満に感じていたようです。じれったくなって声を荒らげることがしばしばでした。

部下の中でも、特にB君には日頃から「もっとお客さまには自分の想いを熱く語れ」と指導してきました。Aさんもかつてはそのやり方でお客さまを説得し、実績を積み上げてきたからです。そのやり方には絶対の自信があったと言います。

しかし、B君は何度指導しても一向に成績が上がりません。そんなB君を見てAさんは気づいたそうです。

「どうやら俺とB君とでは、営業スタイルが違うらしい」

そこでAさんはB君を呼んで確かめてみました。するとB君は、Aさんの言うように何度か試みたものの、「自分には熱く語れなかった」と言ったそうです。

AさんはB君の性格を思い出してみました。B君は、熱血漢というよりは、どちらかといえば物静かなタイプで、自分の意見を主張するのではなく、いつも相手の話を聞いているようなタイプです。Aさんはそこで初めてB君の気持ちを理解できたと言います。B君と話をしたことで、彼の気持ちに共感できたのです。

それからAさんは、B君に合う営業スタイルを一緒に考えることにしました。話をするうちに、B君は他社競合商品を並べて自社商品の優位性がすぐにわかるようにデータ化しておき、お客さまに説明する方法がやりやすいと感じていることがわかったのです。

B君はそれ以来、この方法で商談を進め、お客さまの信用を獲得して好成績を維持しています。

このケースは、Aさんが自分のやり方を受け継ぐことをB君に求めすぎたことに気づき、B君の気持ちを探ろうとしたことで共感が生まれました。これはAさんの「共感する力」といえます。そして、B君は得意な営業スタイルを発掘することができ、やりがいを得ることができたのです。

このように周囲に対して積極的に共感していくことは、**大きな副産物を生み出します。**

あなたが人から何かをいただいたとき、あるいは感謝の言葉をもらったとき、こちらからもその相手に対して〝お返し〟を差し上げたりするでしょう。それと同様に、**人から共感された場合、こちらからもその相手を認め、共感してあげようという気持ちになる**ものです。つまり、あなたが共感すればするほど、その相手もあなたに対し、共感したいと必ず感じるのです。

日本語に「持ちつ持たれつ」という言葉があるように、共感し合うことで上司も部下も、ともに元気になっていくことができます。「共感の輪」を広げられたら、素晴らしい相乗効果が期待できるのです。

日本には約８００万もの会社があるそうです。そんな数ある会社の中から、何かの縁で同じ会社に、しかも今の時代に一緒に働くことになったわけです。そんな**奇跡的な確率で自分の部下になった人に、ぜひ共感してあげてください。**

あなたの部下の動きが見るからに良くなっていけば、上司冥利に尽きるのではないでしょうか。部下を元気に変えていく、これこそが管理職の醍醐味であり、こんな素晴らしいことはありません。

職場の中でのあなたの「価値」も当然高くなります。それはあなた自身の自信にもつながり、ますます自己肯定を強化していくことでしょう。そのことはあなたの普段のプレゼンスをより高めていきます。会社はそんなあなたを頼もしいと思うでしょう。共感するという行為には共感をした側にも、実は大きな「おみやげ」がついてくるのです。

5 共感オヤジは職場の太陽だ！

あなたの身の回りで、どんなときでも必ず味方になってくれるという人がいるはずです。両親、兄弟、幼なじみ、恋人、仲間、同僚……たとえば、親友。あなたの親友はたとえあなたがどんな失敗をしたとしても、いつもあなたの気持ちをわかってくれるのではないでしょうか。

いつでもどこでも必ず自分の「味方」になってくれる人、こんな人がいれば何をするにしても勇気１００倍になるはずです。この場合の「味方」になってくれるということはどういうことなのでしょうか。

課長のCさんは、会社の経費圧縮のため残業削減を推進することになったそうです。そのため、一人ひとりの担当業務を白紙から見直し、業務そのものを削減することで残業削減につなげようとしました。業務の見直しをするため、スタッフの面談を一人ひとり行うことになったのですが、案の定、スタッフは自分が担当している業務の詳細をなかなか積極的に開示しようとはしなかったそうです。

これはスタッフたちに、自分自身の会社における存在価値を残しておくため、業務の詳細や関連ノウハウを自分の中だけにしまっておきたいという保守的な意識があったからです。業務見直しによって仕事が大きく削減されたりすると、それがリストラにつながるかもしれないという不安と疑心があったのだろうとCさんは思ったそうです。

そこでCさんは次の面談の際に、**スタッフに「自分はあなたの味方である」というメッセージを意識して伝えよう**と考えました。スタッフ自身がこれまで担当業務の中で取り入れてきた工夫の一つひとつについて、「あなたがそれをしてきたのですね」と相手の努力を認め、共感する言葉を意識的に使っていったのです。繰り返し共感する発言をしていくうちに、スタッフもCさんから自分が認められていると感じ、警戒を解いていきました。自分から、業務の詳細について話してくれるようになったそうです。スタッフ全員に共感していくことを意識的に取り入れた面談を行い続け、部下の共感も得ることができたCさんは、当初の目標を上回る「業務の削減」を実現することができたのでした。Cさんはまず自分がスタッフに歩み寄ることで、スタッフの歩み寄りを勝ち得たのです。

このケースの場合、スタッフは業務の削減によりリストラされるのではないかという強い不安を感じていました。そうなると、それに着手しようとする上司は〝敵〟でしかありません。Cさんがしたとおり、まずはその誤解を解かない限り、スタッフの心を開くことはできなかったのです。人は「共感」されることによって「安心感」と「幸福感」を強く感じます。それが直属の上司であればなおさらです。**自分に共感してくれる上司に対して、尽くしたい、協力したいと思います**。それが、目標を上回る結果につながったのです。

こんな例もあります。

課長のDさんはマネージャーになってまだ3年目でした。自分としては一生懸命に仕事に取り組んでいるつもりでしたが、どうも部下の動きが良くないと感じていたそうです。自分の想いと部下の想いがかみ合わず、空回りしている感じがしていたと言います。そこでDさんは思い切って、部下を一人ひとり呼んでたずねてみたのです。

「どうしたら俺は君たちにとって、もっといいマネージャーになれると思う？」

部下たちは皆一瞬びっくりしたようですが、全員が「自分はこう思います」という個々の意見を言ってくれました。それからは部下も、「D課長も悩んでいる。自分たちにとって、一番良い方法を探してくれている」とDさんの心情を理解し、安心したような表情で接してくれるようになったそうです。**上司が思い切って「自分も悩んでいる」という〝弱み〟をさらすことで、グッと部下が親近感を持ってくれる**ことがあります。部下が「自分たちと同じように悩んでいる」と上司であるDさんの気持ちに共感することができたのです。

今、私たちは低成長経済のもとで、デフレや少子高齢化、人口減少など、さまざまな閉塞感に囲まれて生きています。人の心も世の中の空気を敏感に感じ取り、守りの姿勢が強くなっています。人とのコミュニケーションが、ギスギスしたものになっているのを肌で感じている人も多いことでしょう。

職場に目を向けると、同僚同士のコミュニケーションが希薄化してくる傾向があります。同じ職場にもかかわらず会話が少なく、黙々と仕事をこなしていくような冷めた感じの職場が増えているのです。それは「関係が希薄化し、協調し合えない職場」という形で現れてきています。たとえば、

- **朝、出社すると挨拶もなく席に座り、パソコンを立ち上げ仕事を始める。**
- **お互いに関心を持とうとせず、黙々と自分の仕事をこなす。**
- **知らないうちにみんなが自分のことで手いっぱいになっている。**

などです。

上司世代と若手世代との価値観の相違は、以前から指摘されてきたことでもあります。生まれ育った時代の違いで、ものの考え方が異なるのは仕方のないことでしょう。しかし懸念されるのは職場の同僚同士も、関係が希薄化していることにあります。気づかないうちに、**自分のことで手いっぱいになって他の人のことを気遣うことがなくなっている**、そんな気持ちが周囲の人に波及し、いつの間にか職場全体の空気になってしまっている……。あなたの職場はいかがでしょうか?

これに伴い、**社員のモチベーションもそれぞれ個人にゆだねられ、冷めた個人と**

冷めた職場の中で低空飛行が続いているというのが実情です。

いわば、知らないうちに職場の中が〝冷めた個人だらけ〟になっているのです。

近年、企業では成果主義という大義名分のもとで、個人の仕事はますます〝タコツボ化〟が進行し、本人しかわからない業務内容が増えています。本来、日本企業はチームで仕事をしていくことが得意でしたが、パソコンやインターネットなどのＩＴ化によって仕事はすべて個人ごとに分配されてしまいました。個人ごとの業務内容は細分化され、個々人に独立した一つの役割が与えられるようになったのです。それは個々人にゆだねられている役割であるため、自分で判断し自分で対応しなくてはならない業務であるわけです。同時に隣の同僚にはわからない業務です。自分に与えられた仕事は自分で抱え、自分一人でやり切るものであるという仕事観が浸透しています。**〝自己完結型の仕事〟になった**わけです。

もはやチームで協力しながら仕事を成し遂げていくという考え方は失われているように思えます。

以前の日本企業であれば、直接的に自分の仕事ではないけれど誰かがやらなくてはならない状況にあれば、必ず誰かが自主的にやっていくという風土が醸成されていました。たとえば次のような人が必ず会社には存在していたものです。

・「三遊間のゴロ」のような誰がやるとは定かでない仕事を引き受けてやる人
・利害が対立する部署間の間に入って調整をしてくれる人
・後輩の教育係や面倒を見てあげる人

現在では、自分のためにならない仕事（もっといえば、自分の給料にかかわらない仕事）には、いつしか行動を起こすことがなくなってきました。自分に求められていない役目を、自ら行う行動は望むべくもないのです。

極端なことを言えば、出社しても一日中、誰とも話すことなく仕事をしようと思えばできてしまいます。話すのは時間の無駄、自分の仕事が楽になるわけではないなど、大勢社員がいる職場であっても、実は個人対個人のコミュニケーションは希薄化が進行しているのです。

現在、企業の経営層に自社の課題をたずねると「社内のコミュニケーション」との回答が多くなっています。数年前までは考えられなかった回答です。大手企業はさまざまなコミュニケーションツールを駆使して、社内コミュニケーションの活性化を図っています。しかし、ツールのうちの何かが圧倒的な〝特効薬〟になっているというわけではなく、「やらないよりマシ」という位置づけにしている企業も少なくないのです。なぜなら、**コミュニケーションはツールで行うものではなく、結局は人同士の問題**なのですから。

つまり、人と人との気持ちが離れていく中で、再び気持ちの距離感を縮めていく「役割」を果たす人財が必要とされているのです。人の気持ちの温度を上げ、心の底に沈殿していた「他人を思いやる気持ち」を水面まで引き上げることができる管理職が、今後ますます重要視されていくことでしょう。

とはいえ、個人主義に慣れ切った社員たちに対して、「もっとコミュニケーションを」と口でいくら言ったところで効き目はありません。「北風と太陽」の話のように、強制や強要をされると、人は反発したり、心閉ざしたりします。

オヤジは「共感メッセージ」という陽光を部下一人ひとりに当てることで気持ちを温め、部下が自然に心の殻を脱ぐのを待てばいいのです。**オヤジは職場の〝太陽〟であれ**。その役割は、これまで歳を重ねてきた中で、さまざまな経験をしてきたオヤジにしか担うことができないのです。

第2章

「うなずき」はオヤジの愛だ！

1 部下の心に火をつけろ！　オヤジ！

ここまで本書を読み進めてきて、今あなたはこう思っているかもしれません。「なぜそこまで気を使って部下に共感しなければならないのか」と。

それは**部下の「やる気」に直結する**からです。上司のあなたが、上司という地位や権力を使わずに、部下の気持ちを「前向き」に変えることができるのです。他人に影響を与え、人生観や価値観まで「前向き」に変えてしまうとしたら、スゴいことだと思いませんか。

前出の店長のもとへ、久しぶりに新入社員E君が配属されました。しかし、E君は入社して10カ月も経過したにもかかわらず、思うように売上を伸ばせずにいました。店長には、そのことで本人が悩んでいるように思えたそうです。店長は彼を会議室に呼んで、悩みを聞くことにしました。すると、「ホット度の高い見込み客」のお客さまにいくら提案しても、お客さまからイエスと言ってもらえないことが続いており、すっかり自信をなくしたというのです。

店長は、現在のような経済状況では、新人が売上を伸ばすのは難しいに違いないと思っていました。したがって店長は、もともとE君を戦力としてカウントしていなかったのです。だから彼がこれほど悩んでいるとは思っていませんでした。E君は実直な性格であることから、何とか自分も貢献したいと思っていることを、店長も理解できたのです。

E君は店長に自分の想いを理解してもらうことができてうれしいものの、悩みは解決していません。

店長はそんなE君を見ながら、常識的な励ましの言葉を与えても意味がないと感じました。そこで店長はちょっと目先を変えた質問をしたのだそうです。

「君は、自分がそうなりたいと思っている理想の人はいるかい？　もし、その人なら同じような状態になったとき、どんな行動を取るのかなあ」

E君はしばらく考え込み、しかし何か思い当たったようでした。次の日から彼はダイレクトメールをせっせと書き始めたのです。ダイレクトメールが効果を出すかはともかく、E君が店長からの質問をキッカケとして自らアクションを起こしたという事実はとても重要なことでした。

部下に共感し、次のアクションにつながるような適切な言葉を投げかけたことで、部下が自ら考え行動を起こした――これも店長から共感したことがキッカケになったのです。

では、どうやって部下に共感したいという気持ちを起こせばいいのでしょうか。

それは、**あなたが部下を「自分の親友」または「古くからのとても仲の良い友達」だと見る**ことです。そして「この部下の言うことをわかってあげよう」と心から思うことです。それはちゃんと相手に伝わります。そうして部下の話を聞いていると、いろいろ見えてくるものがあります。

「そうか、コイツはこんな苦労をしていたのか……」

「○○君はこんな意見を持っていたのか」と。

ひたすらうなずきながら、相手の目を見て話を聞けば、部下が今どんな気持ちでいるのかがわかります。余計なことを考えたり、推測したりする必要は一切ありません。「素」の状態で部下の話に耳を傾ければいいのです。

部下に限った話ではありません。初めて相対した人物に対しても、相手の話を「素」の状態で聞き、うなずくことで相手の心が見えてくるのです。

話を聞くときの「良い聞き手の条件」とは次のようなものです。

・相手の話を最後までさえぎらずに聞く
・先走って結論を考えない
・相手の想いを感じとる

このようにして話を聞いているだけで、自然と共感する状態になっていくのです。

2 共感は〝心のユンケル〟だ！

あなたの部下は共感されることを切望しています。しかし、あなたが部下に共感しようとするとき、構える必要はまったくありません。共感するという行為は、瞬時に双方の心が交流する状態ですから、広義に考えると非常に幅広い行為であると言えます。

たとえば「挨拶」ですら、相手に共感する行為の一つなのです。おそらく、誰にも覚えがあるでしょう。朝、出勤したときに、直属の上司から「○○君、おはよう！」とか「今日も早いね。△△さん」と声をかけられたりすると、なんだかよくわからないけれど、なんとなくうれしかったりした経験がありませんか。それは、上司と瞬時に心がつながったからです。

小売業の場合、ただやみくもに「いらっしゃいませ」を連発するのではなく、お客さま一人ひとりの目を見て、「いらっしゃいませ」と声をかけるとよいと言われています。それは、店員からの「あなたをお客さまとして認知していますよ」というサインなのです。不思議なもので、店員と目が合ったり、声をかけてもらったりすると、客の立場からも質問をしたりしやすくなります。それは**自分を個人として認識してもらえたという安心感**によるものです。

同様に、朝の何気ない習慣であっても、「名前を呼ばれて挨拶される」というのは、上司から所属部署の部下の一員として認められているという証しになります。挨拶に込められた上司の想いが、あなたに伝わったわけです。それが**上司とあなたが共感した瞬間**なのです。

余裕のある職場ならばともかく、近年は限られた人員で業務を回している職場も多いと思います。そんな超多忙な職場では、いちいち部下に共感している余裕などないと思うかもしれません。しかし考えてみてください。そんな超多忙な職場であるからこそ、忙しい上司がわざわざ部下に対して共感することに大きな意味があるのです。

部下は上司も忙しいことは十分承知しています。そんな状況の中でも、自分のためにねぎらいの声をかけてくれたり、「今日の提案書はよくできていた」とひと言言ってくれたりしたら、部下はどんなにうれしいことでしょう。きっと、「もっと頑張ろう」と思うはずです。

人が共感されることで安心するのは、そこで一旦、気持ちの整理ができるからです。その人なりにいろいろと感じていた「もやもや」を、共感を受けることでゼロクリアにすることができます。「悩んでいるのは自分だけじゃない」「ほかの人も同じ気持ちなんだ」とわかったとき、心がリセットされ一歩踏み出す勇気と意欲が湧き出してくるのです。

なぜ前に踏み出す勇気と意欲が出るのかといえば、それは自己肯定ができたからです。悩みは自分で解決するしかありません。**自分の気持ちの整理は、自分にしかつけられない**からです。気持ちの整理がついたとき、人は未来へ向けて行動することができます。共感を得ることは、強烈な促進剤となるのです。まさに**共感は〝心のユンケル〟**なのです。

マネージャーのFさんは、日頃から自分でも喋りすぎると思うことがありました。部下の報告を聞いているときでも、話をさえぎってFさんがすぐに話を始めてしまうのです。

Fさんは、「コントローラータイプ」（P85参照）の上司でした。ですから部下を呼んで報告を聞いていても、すぐにあれこれと心配になってしまい質問してしまいます。そうやって話が始まってしまうのでした。質問しても部下がすぐに答えないと、Fさんは「こうなんだろ」とか「ああすればいいじゃないか」と先回りして答えを言ってしまうのです。Fさんが話し始めると決まって、部下はおもしろくない顔をして押し黙ってしまうか、下を向いたままになってしまいました。

Fさんは、**自分の質問に自分が答えている**ことに気づきました。結局これでは部下の考えも知ることができない、部下と対話ができないと考えたFさんは、部下がすぐに答えられないときでも、じっとがまんして自分から口を出さないことを心に決めたのだそうです。

しかしその間の沈黙は、実に嫌なものです。見れば、部下も早く何とか答えなくては……とうろたえているのが明らかでした。

そこでFさんはあえて「ゆっくり考えていいよ。それまで俺は黙っているから」

と部下に告げるようにしたそうです。これは、自分が同じ立場だったら、そう言われれば安心して自分の考えを整理することができるだろうと考えたからです。

すると、部下はポツリポツリとではありますが、自分の考えや意見を言うようになりました。中には、Ｆさんがハッとするような意見が出ることも少なくなかったと言います。このケースは、Ｆさんが**「自分が同じ立場だったら」と部下の目線で共感した**ことがきっかけとなっています。

こんな話もあります。

私が、ある工場の整備士と面談をしていたときのことです。

「あなたは、どんなときにやる気が出てきますか？」という質問に、ある若い整備士は、「やる気かどうかわからないけれど、毎日昼休みに休憩室で弁当を食べながら、みんなとバカ話をしたいために会社に来ています」と答えました。この仲間との雑談の時間が、彼にとっては明日もまた会社に来ようという「やる気」の素になっていたのでした。上司である工場長や店長から声をかけてもらえない、共感もされないという中で、彼はどうやって存在確認欲求を満たしてきたのかというと、同僚との雑談の中で欲求を満たしてきたのです。

上司から共感を得られないとわかったとき、無意識に他から共感を得ようとします。彼は同僚にそれを求めたのです。**雑談の中で仲間から共感されることで、自己肯定に結びつけ、自分の存在感を感じてきた**のです。

休み時間の何気ない話題や、本音を自由に語り合える仲間、お互いの立場も十分に知っていて理解し合える仲間、つまり同じ工場内で働く同僚は一番気のおけない共感し合える仲間といえます。この60分間の昼休みが彼のエネルギー充電時間だったのです。

上司からの共感が「縦のベクトル」だとすると、同僚の共感というのは「横のベクトル」です。

本来ならば、仕事の上では上司である店長や工場長から共感してもらうことが、最も望まれることであるに違いありません。ですから同僚との「横からの共感」に加えて、さらに組織上の「縦からの共感」もあることが、本人にとって最も「やる気」になる条件なのです。

職場においては上司の「共感」が部下を、家庭にあっては親の「共感」が子どもたちを「安心」させ、目を未来へ向けさせます。「やる気」や「意欲」、さらに「創造力」や「発想力」というのは、人が認められ共感された時に内側から湧いて来るものなのです。

3 共感は「無形の報酬」だ！

従来から私たちは、職場の活性化や社員のモチベーションアップというと、具体的に目に見える「給料アップ」や「休暇取得」という「有形の報酬」こそ効果的であるとつい考えてしまいがちでした。「待遇改善」というと、いつの間にか「有形の報酬」を指していると考えてしまいます。確かに従来、「有形の報酬」は個人のモチベーションアップにつながってきたという側面もありました。

ところが、現在のオヤジ管理職が若かった頃と比べると、はるかに生活が豊かになり、欲しいものはすでに手にしている昨今の若者は、むしろ精神面や情緒的側面に訴える「無形の報酬」を欲しがっているのです。

では、「無形の報酬」とは何を指しているのでしょうか。

２００８年４月24日の毎日新聞に非常に参考になる記事が掲載されていました。

【褒められる気分はお金をもらう気分と同じ!?】

―自然科学研究機構生理学研究所（愛知県岡崎市）の定藤《さだとう》規弘教授らの研究グ

ループは、人が褒められた時と、現金などの報酬を受け取った時に脳内の同じ部位が反応していることを突き止めた、と発表した。24日付の米国脳科学専門誌「ニューロン」に掲載された。

研究グループが着目したのは、脳中心部にある「線条体」と呼ばれる部位。線条体は、食べ物やお金などの「報酬」に対して反応を示すことがこれまでの研究で判明していた。

実験では、大学生の男女19人（平均年齢21歳）を対象に、脳の血流量を測定した。「信頼できる」や「優しい」といった84種類の言葉を見せて褒められる状況を与えたところ、金銭を得た時と同じように線条体が活発に反応する様子を撮影することに世界で初めて成功したという。

定藤教授は「子供は褒めると育つと言われるが、褒めることも金銭や食物と同様の『報酬』として脳内で処理されていることが明らかになった」と話している。

この記事は、**「褒められること」は、金銭や食物と同様の「報酬」として脳内で**

処理されていることが明らかになったというものです。「褒められること」は共感行為の一つです。人から「共感」されることは、わたしたちにとって「お金や食べ物」と同じように脳に認識されているということになります。つまり、今日では共感されることが現実的な待遇改善と同じくらい、人によってはそれ以上に、もらってうれしい「報酬」となっているのがわかります。共感することは、あまりにも簡単でしかも無償であることから「報酬」として機能するとは、これまで誰も思わなかったはずです。

「共感」することは、上司や会社が考えている以上に社員に満足感、充足感を与えるもの、しかも、お金もかからない立派な「報酬」の一つなのです。

「うなずき力」を部下に積極的に使うことで、前年比30％も売上を伸ばした工場長がいます。

工場長のGさんは、もともと技術系出身のためか普段は無口ですが、数字は細かくチェックするという典型的な「アナライザータイプ」（P85参照）でした。ほとんど一日中デスクでパソコンを眺め、工場内を巡回することはほとんどない状態でした。

私はそんなGさんに、共感することの効果と、うなずくことの意味を理解してもらいました。そして一日に最低一度は工場内を巡回し、一人ひとりの工場スタッフに「ご苦労さん！」「作業がじょうずにできるようになったな」「早くできるようになったな」など、ねぎらいの言葉をかけること、部下が話しかけてきたら、ひたすら「うなずき」ながら全部聞いてあげることを約束してもらったのです。

半年ほど経ったある日、私が工場を訪問すると、Gさんと作業スタッフの心の距離感が、何となく縮まったような印象を受けました。作業スタッフが、お客さまと気軽に会話をしている場面も見られるようになりました。

Gさんが作業スタッフ全員と毎日話をしてきたことで、お互いの距離感も近くなっていったのでしょう。そのことを伝えると、半年前まで無愛想だったGさんはニコニコと笑ってくれました。雰囲気が良くなってきていると感じました。

それまで無表情で作業をしていたスタッフは、お客さまが通り過ぎようとすると相手が気づいていなくても挨拶するようになっていました。昼休みの休憩室では、笑い声が絶えませんでした。作業スタッフもお客さまと会話をするようになり、お客さまの困っていることを聞いては、商品やサービスをおすすめするようになりました。こうしてお客さまに商品を購入していただくケースが増えていったのです。

作業スタッフはお客さまからお礼を言われることで、感謝されるうれしさを知り、さらにほかのお客さまにもすすめるようになっていったのです。

そんな毎日の中で、月間売上が前年比30％もアップし、伸び率で全店トップに躍進したのでした。Gさんが毎日工場内を巡回し、作業スタッフをねぎらい続けてきたことで、「スタッフ」と「工場長」との壁が取り払われました。その結果、作業スタッフの動きもイキイキと変わっていったのです。

4 共感は自己肯定感を育む

誰でもすぐにできる「うなずきによる共感」ですが、あなたが相手に対して行った共感が、どのように相手の心に影響を与え、やる気を引き出すのかは、実に興味深いことです。

あなたが共感することによって、**共感された人は自分自身に対する自信を深める**ことができます。それは、自分で自分を肯定する「自己肯定」につながっていきます。

あなたが相手に共感すればするほど、相手は自分自身への肯定をどんどん「強化」することができるのです。

共感の効力とは、共感された人間が、自分自身の存在意義である「自己肯定」を強化することができて初めて発揮されます。同時に、共感してくれた相手に対する信頼感や貢献意欲も増大します。職場であれば**所属するチームや会社への帰属意識が高まる**のです。

そして自分に対する「自信」もより大きく膨らみ、「できる感」「有能感」が強化されてくると、周囲に対して「もっと貢献したい」という意欲が出てくるのです。意欲、モチベーションというのは、こうして湧き出してきます。

自己を肯定するということは、私たちが前向きな精神状態で日々生きていく上で必要不可欠なものであるといえるのです。

遠い祖先は生き延びるために、協調の輪の中に入っていることを常に確認しなければなりませんでした。その後、人間は進化していく中で、単純に輪の中に入っていることを確認できればそれで十分というわけにはいかなくなってしまったのです。つまり、自分が現在生きていることに対して価値を認めたいという「存在確認」に対する欲求が出てきたのです。

これが「自己肯定感」です。人は日々、この「自己肯定感」を自ら感じていくことによって安心して前向きに生きていくことができます。人はある目標を達成すると、さらに次の目標を作って達成しようと努力します。それは目標を達成し続けることで、自分自身で「達成感」や「満足感」を感じ、この「自己肯定感」を常に感じ続けたいがためでもあるのです。

Hさんはある日、新しく立ち上げられた社内部門横断プロジェクトのリーダーに抜擢されました。Hさんはもちろん、ほかのメンバーもまったく初めてのプロジェクトでした。

プロジェクトのミーティングは週1回開かれます。Hさんが活動を進めていくために目指したのは、メンバーから意見がどんどん出て、新しいアイデアが次々に生まれるミーティングでした。

しかし、実際のミーティングでは、メンバーから意見がなかなか出てきませんでした。Hさんの話がミーティングのほとんどを占めているような感じだったのです。毎回、そんなプロジェクトミーティングが繰り返されていました。

このままではプロジェクトが進まないと判断したHさんは考えました。Hさんは

次のミーティングを開始する前に、あらかじめ「ルール」をメンバーに伝えることにしたのです。そのルールとは、

（1）人の意見に「それは無理だ」などの評価はしない
（2）人の意見は最後まで聞く
（3）人の発言に対して必ず拍手する

さらにHさんは、進行役をする際に自分は意見を出さずに聞き役に徹すること、そして誰かの発言中には必ず「うなずく」ことを実行しました。

ミーティングで発言者は、うなずいてくれるHさんのほうを見ながら話を続けてくれるようになりました。発言者は、自分の意見をうなずきながら聞いてくれるHさんに触発され、思ったことを話すことができたのです。

Hさんは、本当に単純なルールを設定し、簡単なうなずきを行ってきただけですが、それによって自分を含めたメンバー全員が、より集中して他のメンバーの発言に耳を傾けるようになったと感じたようです。ミーティングを重ねるにつれ、しだいに濃密なミーティングができるようになったと聞きました。

Hさんの「うなずきによる共感」が、メンバーの参加意識と発言意欲を高めたのです。

第3章

「うなずき力」は「オヤジ力」だ！

1 若手とオヤジの意識差を知れ！

最近では、**入社した新入社員のうち約30％強が3年以内に退職してしまう**といわれています。しかし、就職活動中の学生たちに話を聞いたところ、大半が「定年まで同じ会社で働き続けたい」との希望を口にしました。入社前は長く勤務することを希望しているのに、入社後は3年以内に退職してしまう人が多いのはなぜでしょうか。

その原因は、**管理者や上司が、当たり前だと思っていることや慣習そのものに大きな考え違いがある**からではないかと思います。

こんな話を聞いたことがあります。

大学の体育会の中でも最も「きつい」といわれている慶応大学のラクビー部ですが、上田監督のもとで2000年に大学選手権で優勝しました。

上田監督はそのラクビー部員の指導育成に関して、著書の中で興味深いことを語っています。「彼らは自分なりに納得した上で行動したいと思っているのである。（中略）今の若者を動かすのに必要なのは〝命令〟ではなく〝説明〟なのだ」と。

ラクビー部という厳しい上下関係のある体育会ですら、今日では一方的な「指示」は若い人たちには受け入れられないのです。

企業にあっても、今日の若者は、「上司」という権威からただ発せられた「説明されない」「納得できない」指示には従う気にならないと考えているようです。

オヤジ管理職が若手社員の頃は、「黙って言われたとおりにしろ！」のひと言で済んでいたところですが、今日では「自分がなぜそれをする必要があるのか？」「それをすることでどんなメリットがもたらされるのか？」をよく説明する必要があるということです。

つまり**若手社員に「行う意味」を説明することも、モチベーションになり得る**のです。

私がある店舗をたびたび訪問しているときのことでした。ショールームで受付をしている女性社員のIさんが、どうもいまひとつ笑顔がないように思えていました。あるとき、店長と昼食を取りながら、Iさんについてどんな社員なのかをたずねてみました。店長からは、入社3年目になる社員で、入社時からショールームの受付をしている。受付といっても、ショールームにお客さまがお見えになったときには商品説明もやらせているとの説明を受けました。

受付だけでなく、商品説明も行うというので、さらにIさんについて詳しく聞いてみました。Iさんは努力家で商品知識はよくマスターしているし、言葉遣いも丁寧なのでお客さまからは評判がいいとのことでした。お客さまの中には、Iさんから数回説明を受けたあとに、競合他社の商品を断って自社商品を購入してくれた人もいるそうです。

私はその日のうちに、タイミングを見て彼女に「店長とお昼を一緒に食べているときに、Iさんがお客さまから受けがいいと聞いたけど頑張っているんだね。店長も助かっているそうです」とひと言声をかけました。

突然私から話しかけられて、初めは緊張しつつIさんは私の話を聞いていましたが、話が終わると満面に笑みをたたえて「ありがとうございます」と答えてきました。その後、この店舗を訪問するたびに、通り越しにショールームを覗いてみるのですが、Iさんは以前とは異なり、表情も豊かになりました。

私がIさんに伝えたのは店長から聞いた「お客さまからの評判がいい」という事実だけでした。つまり「お客さまからの声」をIさんにフィードバックしたのです。彼女は自分がお客さまに認められていること、そしてその実績を店長が評価してくれていることを実感することができたのです。

周りから共感されることとは、何も上司や同僚だけに限りません。お客さまから共感されることも含まれます。彼女の場合は、受付兼ショールーム担当であったことから、一番接する機会の多いお客さまから共感されることが最もうれしいことだったのです。

彼女は典型的な「サポータータイプ」（Ｐ85参照）といえます。サポータータイプは、自分が属する「場」に対して非常に協調意欲があり、目立つことはしなくても〝縁の下の力持ち〟的な存在です。ただ、「コントローラータイプ」や「プロモータータイプ」とは異なり、常に周りから「共感される」ことを期待しているのが特徴です。自分がしてきた応対がお客さまに認められている、共感を受けているという事実が、Ｉさんに自信を与えたようでした。

サポータータイプは毎日共感され続けることによって、自分はこの「場」に役立っていると感じ、サポーター本来の「協調したい、貢献したい」という気持ちを満足させることができるのです。そしてその充足感が、新たな協調意欲や貢献意欲に結びつくのです。

2 人は誰でも共感されたい

原始の時代、私たちの祖先は生きていくためにマンモスなどの野生動物を捕らえなければなりませんでした。もちろんマンモスを1人で捕獲することはできません。

そこで祖先は多くの仲間と協力することで、野生動物を捕獲し食料にしていたのです。

したがって祖先の最大の関心事は、「自分がみんなとの協調の『輪』の中に入っているかどうか」でした。なぜなら、もし何らかの理由で仲間外れになったり、「輪」から追放されたりしては生きていけなかったからです。1人になることは即、死を意味していました。

人類が地球に誕生してから約600万年といわれていますが、つい3000年ほど前まで、人類は右手に槍を持ってみんなで野生動物を追いかけていたのです。

貨幣経済となった現在でも、人類の歴史のほとんどを占めてきた生きるための知恵、すなわち「人から自分の存在を認められること」は遺伝子DNAの中にしっかりと刻まれています。ですから、現代人であっても、私たちは人から共感され、自分の存在を認めてもらえたとき、なんとなく幸福感に満たされ、深い安心感に包まれるのです。

上司の「うなずき」が、意欲低迷社員を優秀社員に変えたという話があります。

マネージャーのＪさんは、人事異動で、ある若手社員を自分の部署に呼ぶことになりました。

前の部署からの引き継ぎの際に、この若手社員について「本来は頭の回転も速く頭脳明晰なのだが、上司に対して少々反抗的な態度を取ることがある」と申し送りがありました。

Ｊさんは、その若手社員のＫさんが部署に来てから、彼を観察するようになりました。彼は明らかに「コントローラータイプ」（Ｐ85参照）であることがわかりました。コントローラータイプとは、努力家で自分の考えに対して自信を持ち、独立心の旺盛な起業家精神を持つタイプです。しかし若手であったことから、前の職場ではいろいろな場で自分の意見が無視されていると思っていたようでした。Ｋさんは新しい部署でも同じだろうと考えたのか、会議などでも少し斜に構えた物言いをする傾向がありました。

Jさんは、まずKさんに共感していこうと決めました。どんな場面であっても、どんな意見であっても、まず彼の状況や考えに共感するということです。**共感するといっても、それは「同意」ではありません**。あくまでその時点でのKさんに共感し、認めるという姿勢でした。

会議でKさんが他の社員とは別の視点や切り口から意見を述べたときには、Jさんは「なるほど、そういう考え方もできるね。新しい切り口だ」と肯定しました。また、Kさんが新商品の販売促進方法についてアイデアを言ってきたときには、Jさんの質問によって彼のアイデアを補完し、提案書にまとめさせ、実施につなげました。Jさんのスタンスとしては、彼に味方するというのではなく、あくまで**ニュートラルなままで彼の考えに共感していた**だけでした。

数カ月経った頃、彼は異動してきた頃よりも、態度がマイルドになっていました。販売促進会議などでも、自分の考えをほかの社員に伝えようという熱意が見られました。ほかの社員が忙しそうにしているときには、自分から手伝いを申し出るようになったのです。異動直後のとっつきにくそうな雰囲気は消えていました。その後、彼は部署のアイデア豊富な若手の一人として、周囲から認められるほどに成長したのです。

いつもこのようにうまくいくとは思いませんが、異動前の彼は明らかに上司からの共感が皆無だったのです。「負の共感」ばかりもらっていたのかもしれません。人は誰でも共感されたいと思っているのです。Kさんも例外ではありません。もともと優秀な素地を持っているのに、個人の能力を見てもらえず、「若手だから」という理由だけで頭から「否定」されていたのですから、Kさんの上司に対する不信感はいかばかりだったでしょう。以前の彼の雰囲気も、欲しいものが手に入らない状態が長く続いていたために、満たされない心が醸し出していたのだと思います。

若手というだけで「戦力にならない」と「存在を否定」されてきた**Kさんを救ったのは、Jさんの「うなずきによる共感」**でした。「自分がちゃんとここにいる」ということを認められたことで、**Kさんは新しい部署で居場所を見つけられた**のかもしれません。

ある社内プロジェクトのリーダーであるLさんは、ミーティングを開いても毎回発言が出ずに「お通夜」状態な雰囲気をなんとかしたいと考えていました。

ミーティングにはLさんのほか、メンバーは他部署から6名ほど参加しています。しかし、Lさんは時間ばかり無駄に経過して、ちっともプロジェクトが進まない感じがするので、毎週会議を招集すること自体、気が進まなくなってきていたのです。

そこでLさんは考えました。これまでメンバーから出た意見に、自分の主観で「それは無理だと思う」とついつい言ってしまいがちだった。これからは出た意見について決して評価しないことにしよう。話し終わるまで全部聞こうと決めました。

Lさんは、次のミーティングから早速実行していきました。最後まできちんと話を聞き、途中途中で「うなずき」ながら、「あなたの意見をしっかりと受け止めています」というメッセージを発言者に伝えるようにしました。それをミーティングのたびに続けました。

Lさんの話を聞く態度の変化から、メンバーはどんな意見であってもきちんと聞いてもらえるのだと感じ、いちいち進行役が指名しなくても自発的に発言するようになりました。するとミーティング以外でも、Lさんのところにメンバーからプロジェクトに関しての電話がかかってくるようになったのです。

一般的に、会議という改まったシチュエーションにおいて、上司の前で発言するというのは何となく躊躇してしまいがちです。部下から意見や提案を引き出していくには、いかにその場で「話しやすい雰囲気」を作り出すかがカギとなります。この場合、リーダーであるLさんが、「どんな意見でも口を挟まず最後まで聞く」「全員の意見をホワイトボードに書き出す」という姿勢を見せたことで、メンバー一人ひとりに共感することができたのです。お仕着せではなく、部下のやる気を醸成できるのも、「うなずき力」の素晴らしいところです。

3 オヤジの存在感＝うなずき力だ！

昔から、「オヤジ」と呼ばれる中年層は、職場でも家庭でも悪者にされがちで、なんとも居心地の悪い、肩身の狭い思いをしてきたものです。

しかし、現代のオヤジは「うなずき力」を行使することによって存在感を増し、輝くことができます。あなたの職場にも、なんらかの原因で意欲の低下してしまった社員がいませんか？　これはそんな社員を「うなずき力」を行使することによって、見事によみがえらせた例です。

ある小売店の店舗に、Mさんという営業がいました。Mさんは数年前まで店舗でも3本の指に入る成績を挙げていたのですが、ここ1～2年は意欲が低下し成績も振るいませんでした。

そんなとき、Mさんのいる店舗に新しい店長が異動してくることになりました。新店長のNさんは、Mさんの過去の実績を見て、彼の業績アップを自分自身の目標としたのです。Nさんは、Mさんが意欲さえ出せば、自分で行動し自分で自己管理できるタイプの営業だと見抜いていたのでした。

店長が替わった当初は、営業も様子を見るものです。どんな店長なのだろう、僕らをどう思っているのだろう、と。Mさんも同じでした。しかしMさんは、毎日N店長に営業活動の報告に行くたびに、自分の話をよく聞いてくれている人だと感じていたのです。

N店長はMさんに、彼を信頼しているという気持ち、期待しているという気持ちを伝えようとしました。受注を取ってきたときには、Nさんは満面に笑みを浮かべて喜び、Mさんの努力を認め、褒めるようにしたのです。Mさんは「プロモータータイプ」（P85参照）だったため、N店長から認められ、自分が会社に貢献できていることを感じることで、やる気が出てきたのでした。

以前の店長のように細かいところまで言及することもなく、N店長はひたすら自分を肯定してくれるため、Mさんは余計なストレスを感じることもなくマイペースで仕事を進めていけることに満足感を感じていたのです。自分で決めて行動し、それを店長も認めてくれている。そのことに彼は安心して、営業活動に集中できたのでした。

Mさんがそんな活動を続けているうちに、自分のお得意さまから新しいお客さまを紹介してもらうことも多くなりました。自分自身の活動による売上に、紹介していただいた分の売上が上乗せされて半年近く経ったある月に、Mさんはついに店舗のトップセールスになったのです。

同じ営業職でも、個人の性格や事情はそれぞれ違います。Mさんが元のイキイキとした営業担当によみがえったのも、N店長がMさんを「自己管理ができる人間である」と気づいたからでした。共感をするためには、まずは相手に関心を持ち、相手の立場や気持ちを酌んであげることが大切です。それができたNさんだったからこそ、意欲をなくしていたMさんに再び息を吹き込むことができたのです。

あなたの周囲を見回してください。あなたが救ってあげられる、やる気をなくした社員はいませんか？

第4章

オヤジは今こそ「うなずき力」を磨け

1 頭に汗をかけ！　オヤジ！

これまでの事例を見ただけでも、**今日最も求められている能力が「うなずき力」だ**ということはおわかりいただけたと思います。

「うなずき」によって個人が元気を取り戻し、職場が活性化し、企業が元気になっていきます。そして今、最も必要とされるのは、この「うなずき力」を持つ「共感オヤジ」なのです。

「共感する力」というのは、使えば使うほどその能力が研ぎ澄まされ、相手をインスパイアしていきます。部下の話を聞く機会を作って「共感する力」をどんどん高めていってください。

「うなずき力」を高めるには職場や家庭で実践していくことが一番です。最初に「この人（子）の言うことをわかってあげよう」という気持ちを抱くことです。たったそれだけのことなのです。

相手をわかってあげようとする心構えができたら、いよいよ実践です。部下の話に耳を傾けながら、黙って目を見て、適宜間をとってゆっくりと深く「うなずく」

ことを繰り返しましょう。それだけでいいのです。やがて、あなたは始めた当初よりも、ずっと相手の気持ちや想いを感じ取れるようになっているはずです。

そして、あなたにうなずいて話を聞いてもらった社員は、あなたを「味方」だと感じます。「うなずく」ことを続けていくうちに、**多くの社員からの信望をごく自然に集める**ことになっていくでしょう。あなた自身も、人望が厚くなればなるほど、さらにモチベーションのアップにつながるはずです。そうなれば、さらに「うなずき力」を発揮する機会も増え、能力をさらに高めることができます。**すべてが好循環していく**のです。

世のほとんどのオヤジが「ただのオヤジ」と化していく中で、**「共感オヤジ」は異彩を放つ**ことでしょう。

共感することで自分の印象を変えた「オヤジ管理職」がいます。

課長のOさんは、「360度評価（360度フィードバック）」（※）によって、自分が部下にどう見られているか、どのように映っているかを初めて知りました。「話しかけにくい雰囲気、相談しづらい雰囲気、距離感を感じる」というフィードバックに驚いたそうです。

管理職としてこれではいけないと感じたOさんは、「話しやすい上司」になりたいと真剣に考えました。

Oさんは部下の話を聞くとき、また部下からの報告を受けるとき、いつも難しい顔をして聞いていました。部下から見れば、「自分の話をどう思って聞いているのかわからない」「何を考えているのかわからない」という表情でした。

Oさんの名誉のために補足説明すると、Oさんがついつい難しい顔になってしまっていたのは、部下の報告を聞きながら、「そういう場合はこう対処すべきだ」とか、「すぐに確認させてダメだったらこっちのやり方にしたほうがいいな……」と、すぐにアドバイスできるように先回りして考えてしまっていたからです。無意識のうちに難しい表情になっていたのも無理はありません。しかし、そんなOさんの思いを知るはずもない部下からは、Oさんの険しい表情は「壁」や「距離」にしか思えなかったのです。

Oさんは話を聞きながら、あれこれ考えるのをやめることにしました。報告を聞きながらも、気持ちは自分の考えに集中してしまい、どこかうわの空だった自分を、目の前の部下に集中させることにしたのです。理解しようと一生懸命話を聞いていると、自然とうなずくことができました。

すると、すぐにOさんは部下の変化を感じ始めました。部下がOさんの目をまっすぐに見ながら、話を続けるようになったというのです。

以前の部下たちは、ときどき確認するようにチラッとOさんの目を見たと思うと、すぐに視線を外していたそうです。

Oさんは希望どおり、「話しやすい上司」へと変身できたのでした。

※360度評価…通常の上司が部下を評価するという一方的なものではなく、部下や同僚、仕事で関係のある他部門の担当者、さらには取引先や顧客による評価といった、多方面から人材を評価する制度のこと。多方面評価ともいう。

2 共感の達人になれ！ オヤジ！

〝達人〟とは、どんな人を指すのでしょうか。国語辞典で調べてみると「①技芸・学問の奥義に達している人。達者。②深く物事の道理に通じた人」とあります。「共感の達人」というのは、その両方の意味が当てはまる気がします。「うなずきの奥義に達している人」、そして「人生の酸いも甘いも噛み分けて、相手に深い共感をしてあげられる人」です。

共感相手に「共感」の意を示すとき、忘れてならないのは、**「笑顔」で「うなずく」**ことです。なぜなら人は、**表情で相手の心を探ります**。だから、「あなたの努力、あなたの気持ちがわかりました」というメッセージを体で表し、顔の表情で表わす必要があるのです。

「そこまでやるのか」と思われるかもしれませんが、部下にとって良いことを伝えるときには、必ず「笑顔」や「微笑み」で伝えることが大切なポイントになります。

「笑顔」や「微笑み」は相手を安心させます。そして「私はあなたの敵ではないですよ」「あなたを理解しようとしています」「あなたの気持ちがよくわかりました」というメッセージを瞬時に相手の心に伝えるのです。

絶対にしないでほしいのは、眉間にしわを寄せたままでうなずくこと。あなたは一生懸命に話を聞いていて、無意識に眉間にしわを寄せてしまうのでしょうが、相手のほうは「肯定されているのか、否定されているのか」と頭が混乱してしまいます。管理職にはありがちですが、表情が硬いままで固定してしまっている人をよく見かけます。それは、日頃、**部下と〝勝ち負けのコミュニケーション〟ばかりして**

いる証拠なのです（「勝ち負けのコミュニケーション」については次項で説明します）。

この機会に、鏡の前で自分の顔をじっくりと観察してみてください。眉間に、深くしわが刻まれていませんか？ それは普段、無意識のうちに眉間にしわを寄せている可能性があるということです。

日本人、特に中年層以降の男性は、笑顔を作るのが苦手という人が多くいます。ビジネスシーンにあっては、「仕事をしているときに笑うとは不謹慎だ」という概念を植えつけられている世代だからかもしれませんが、国民性というか、もっと根本的な性質かもしれません。こんな話があります。

今から20年ほど前に、Pさんという女性が日本の短期留学生を引率して、留学先のアメリカに渡ったときのことです。留学生たちは小学生から高校生までの男女8人で、みんな成績も優秀で品行方正な子どもでした。現地のエージェント立ち会いのもと、ステイ先となるホストファミリーに無事引き渡すことができ、Pさんがホッとひと安心したところで、エージェントの女性にお茶に誘われました。その女性は、日本人に限らず、世界各国の留学生たちにアメリカのホストファミリーを紹介する仕事をしていました。エージェントの女性から、「国民性や国の事情によってはホストファミリーを見つけるのが大変」といった仕事の苦労話を聞きながら、ふとPさんは「日本人は安全な民族と思われているから、斡旋するのも難しくないでしょう?」と聞いてみました。当時、日本は世界有数の「安全な国」とされていたからです。するとエージェントの女性は目を丸くし、「とんでもない! 一番大変なのは日本人なのよ」と意外な答えを口にしたのでした。

驚いたPさんは、すぐにその理由を聞きました。自分が引率してきた品行方正な子どもたちの顔が浮かんできます。そしてわかったのですが、日本人が嫌われる理由は、さらに意外なことだったのです。

Pさんの会社では、現地のエージェントに留学生の顔写真や子どもの名前や年齢、趣味などの基本データや略歴を送り、ホストファミリーを斡旋してもらっていました。現地のエージェントは、登録されているホストファミリーに「今度こういう子どもが来ますよ。家族として迎えてくれませんか?」と写真や基本データを見せて打診をかけます。実は、その写真が問題なのでした。

「日本人は、ほぼ100%の確率で、証明写真のような写真を送ってくる」とエージェントの女性は言いました。つまりニコリとも笑っていない写真です。その写真はホストファミリーにすこぶる評判が悪く、「性格が暗そう」「頑固そうで扱いづらそう」「かわいげがない」などと言われて断られてしまうケースがあとを断たないとのことでした。

Ｐさんは、エージェントから「なるべく自然体の写真で」と要望を受けていたことを思い出しました。しかし、日本人は公式な書類などに使う写真は、真面目な顔で写るのが一般的です。そのため、留学に必要な書類は〝公式〟なものと見なし、真面目な写真を送る人がほとんどだったのです（たまに、「証明写真を用意するヒマがなかった」という保護者がスナップ写真を送ってくることがあり、その学生はすんなりホスト先が決定したそうです）。

「笑顔がない写真」。それが、日本人が敬遠される理由でした。Ｐさんは、今後の留学希望者たちには「笑顔のスナップ写真」を提出させようと固く決意したそうです。

このように、日本人は「笑顔が苦手な国民性」ともいえるのかもしれませんが、時代も変わってきています。昔と違い、今はむしろ「職場の笑顔」が重要視されています。**会社で働く社員の幸せを、会社が考え始めた**のです。とてもいい傾向だと思います。

今こそ、自分の表情も見直してみましょう。笑顔が難しいなら、眉間にしわを寄せない、口角（口の端）を上げるように意識するだけでもいいと思います。加齢とともに顔の筋肉は緩んでいきますから、ニュートラルな表情のときでも口角が下がりがちになります。口角が下がると不機嫌、無愛想な印象になりますが、口角が上がると笑っているようにも見えるから不思議です。

表情は意識的に変えることができるので、ぜひトライしてみてください。**「共感の達人」**は、**「表情の達人」**でもあるのです。

3 コミュニケーションは「勝ち負け」ではない

ここで前出の「勝ち負けのコミュニケーション」についてお話ししたいと思います。

「そもそも、コミュニケーションに勝ち負けがあるのか」と思った人もいると思います。それは正常な感覚です。しかし、その感覚を持っていながらも、実際には「勝ち負けのコミュニケーション」をしてしまっている人もたくさんいます。

たとえば、次のようなやりとりです。

部下「課長、A社との契約ですが、サインしてもらうのが難しそうです」
上司「どうしてだ。契約条件まで細かく先方と詰めていたじゃないか」
部下「競合のB社がもっといい条件を提示してきたそうです。それで再検討したいと言われました」
上司「お前の押しが甘いんだよ。契約が取れなかったらお前の責任だぞ」
部下「……」

会話は、キャッチボールにたとえられます。このやりとりの最後は、部下が上司の投げた球を返すことができずに終わっています。勝ち負けで言えば、上司が部下を「やりこめた」形です。

このとき上司は、部下の気持ちを少しでも考えていたでしょうか。「契約が取れなかったらお前の責任」と言われて、部下は今後の判断を冷静にできるのでしょうか。事態が好転する要素はどこにも見当たりません。それどころか、人間関係にも亀裂が生じてしまいました。

会議などの議論でも、ときに「勝ち負け」が先行することがあります。相手の意見がどうであれ、「相手が気に入らないから、やりこめてしまえ」という感情から攻撃的になったり、自分のプライドを守るために周囲を攻撃したりするケースがあるのです。こういう人は、相手がぐぅの音も出なくなると、優越感を抱きます。「勝ち負け」に「勝った」と感じるからです。これが上司から部下に対して行われたとしたらどうなるでしょう。上司という地位を利用して、部下を頭から押さえつける行為といえます。

よく、「部下になめられる」という表現を口にする人がいます。通常、**上司としての役割をきちんと果たし、仕事をこなしている人を、部下は「なめたり」しない**ものです。しかし、上司としての自分に自信がない人は、どこかで「上司の威厳」を見せたがります。上司たるもの「勝ち負け」に「負け」てはならないと思っているからです。

コミュニケーション・スキルの一つに、「アサーション」というものがあります。直訳すると「主張や断言」といった言葉になりますが、少し強い表現になってしまうので、「自分も相手も尊重した自己表現法」というのが最も適しているように思います。

アサーションでは、コミュニケーションのタイプを大きく3つに分けています。

アグレッシブ（攻撃的自己表現）、ノンアサーティブ（非主張的自己表現）、アサーティブネス（アサーティブな自己表現）の3タイプです。

攻撃的自己表現とは、自分中心に物事を考え、相手のことはまったく考えない方法です。これは前出の上司と部下のやりとりそのものといえます。自分の気持ちは抑えることなく表現しますが、相手の気持ちはまったく考えていないのです。「自分はOK、相手はNO」と表現するとわかりやすいかもしれません。

一方で、非主張的自己表現とは、自分の感情は押し殺し、相手の意見に合わせる方法です。日本の企業では、まだまだ上司が部下に「非主張的事故表現」を強要しているように思えてなりません。「自分はNO、相手はOK」な考え方です。

アサーティブな自己表現とは、相手に配慮し、大切にしながら、自分もきちんと表現していくという方法です。攻撃的でも、非主張的でもなく、自分の気持ちや考え、信念に対して正直・率直に、その場にふさわしい方法で表現します。「自分もOK、相手もOK」という考え方です。

しかし当然のことながら、自分の考えがいつも相手に受け入れてもらえるわけではありません。そのときに、相手を攻撃して打ち負かしたり、自分の本心を曲げて相手に合わせたりするのではなく、お互いの妥協点を建設的に探っていくのがアサーティブな自己表現となるのです。

これは「共感すること」にも言えることです。

前出の上司と部下のやりとりを、もう一度振り返ってみましょう。

上司は「お前の押しが甘いんだよ。契約が取れなかったらお前の責任だぞ」と部下に言い放ちました。攻撃的自己表現です。しかし、ここでアサーティブな自己表現をするならば、「そうか。では契約に結びつくために、対策を一緒に考えよう」と妥協点を提案することができたことでしょう。部下はそう言ってもらえただけでも救われる思いです。部下は「自分の気持ちをわかってくれた」「この人の部下で良かった」「引き続き頑張ろう」と、「契約を取る」ことを目指し、今まで以上に前向きに行動を起こしたことでしょう。

「勝ち負け」の話で言うと、議論で相手を言い負かしたことであなたは「勝ち」を得たのかもしれません。

しかし、それは人として「勝った」ことになるのでしょうか。

コミュニケーションに勝ち負けをつけず、部下をやる気にさせること。それが本当の**「勝ち組」**なのです。

4 コミュニケーションタイプを知れ！ オヤジ！

「人を最も特徴づけるのは、コミュニケーションの取り方である」との考えのもと開発された、「タイプ分け」（※）という個別対応の方法があります。これは株式会社コーチ・トゥエンティワンが3万人以上の企業人を対象に、調査・分析をした上で開発したものです。臨床心理学や組織行動学などをベースとして、人のコミュニケーションスタイルを大きく4タイプに分類します。前出の「コントローラータイプ」「プロモータータイプ」「アナライザータイプ」「サポータータイプ」がそれです。

物事の見方や感じ方は人それぞれ違います。そのため、自分がこんなに説明しているのに「なぜあの人はわかってくれないのだろう？」「なぜ伝わらないんだろう？」と思うことがしばしばあるはずです。それは、**相手に適したコミュニケーションを取っていない**からだといえます。

「コミュニケーションタイプ」を診断することで、自分自身の行動パターンの傾向や考え方について、より深く理解することができるようになります。そして相手のコミュニケーションタイプを知ることによって、相手に適したコミュニケーションを取ることができるのです。自分とは異なる価値観や物の見方があることを知ることで、それまでは自分と合わないと思っていた人とも、うまくコミュニケーションが取れるようになります。

タイプ分けについての詳細は、株式会社コーチ・トゥエンティワンのホームページ（http://www.coach.co.jp/type/）に掲載されています。自分のタイプも、同社が運営する自己診断テストサイト「Test.jp」（http://test.jp）でテストすることができますので（有料）、興味のある方はやってみてください。

ここでは簡単に「4つのコミュニケーションタイプ」を説明しておきます。

コミュニケーションタイプは、「コントローラータイプ」「プロモータータイプ」「アナライザータイプ」「サポータータイプ」の4つに分けられます。これらの4タイプに優劣はありません。

【コントローラータイプ】

このタイプは、**「自分が決めたい！」と思っている**タイプです。行動的、野心的でエネルギッシュ、決断力があり、行動も速い傾向にあります。また、人を寄せつけない印象を与えてしまうこともあります。

このタイプとコミュニケーションをじょうずに取るには、たとえば何か要望する際には、**短く簡潔に、単刀直入に伝える**ほうが受け入れてもらいやすいです。また質問する際には、「なぜ聞きたいのか」という理由を先に伝えてから質問するようにします。いきなり質問すると、相手が自分をコントロールしようとしていると考えてしまい、嫌がるからです。

【プロモータータイプ】

このタイプは**「自分が周囲に影響を与えたい！」と思っている**タイプです。アイデアが豊富で、人と活気あることをするのが好きです。社交的でオープンであり、細かいことは気にしません。逆に飽きっぽいという傾向もあるタイプです。このタイプが部下だったら、細かい指示は行わずに、自由に発想させ、任せていくとやる気を出してどんどん進んでいきます。

【アナライザータイプ】

このタイプは**「常に正しくありたい！」という気持ち**を持っています。行動は慎重で、情報を集めて分析することが得意です。客観的で冷静でもあります。対人関係では頑固、真面目といわれる傾向があるタイプです。このタイプを褒めるときには、戦略性や計画性をピンポイントで褒めるとよく伝わります。何か要望や依頼をする際には、目的や内容を具体的に説明することがポイントです。また質問する際には、具体的に質問すること、答えを急がないことが重要です。質問してすぐに答えが返ってこないときでも、アナライザータイプは一生懸命に頭の中でベストの答えを検索しているのです。

【サポータータイプ】

このタイプは**「周囲と協調したい！」**と考えています。人を援助することを好み、協調性があります。感情を大切にして他者の気持ちに敏感なタイプです。このタイプが部下であった場合には、威圧的な態度で接しないこと、普段の努力や気配りに対してIメッセージ（これについては後述します）で肯定してあげることが大切です。上司のタイムリーな肯定によって、サポータータイプはどんどんやる気になってチームに貢献してくれるはずです。

参考までに、ここでは「タイプ分け」の簡易版（20問）をご紹介しておきます。

（簡易版の出典：株式会社コーチ・トゥエンティワン「コーチ・トレーニング・プログラム（CTP）テキスト、モジュール10「タイプ分け1」より許可を得て転載）

【質問の得点カウント法】

1＝よくあてはまる、2＝あてはまる、3＝あまりあてはまらない、4＝あてはまらない

【質問項目】

Q1　自己主張することが下手だと思う
Q2　常に未来に対して情熱を持っているほうだ
Q3　何か決めるとき、人に同意を求める
Q4　嫌なことは嫌と、はっきり言える
Q5　人にはなかなか気を許さない
Q6　楽しい人とよく言われる

Q7　短い時間にできるだけ多くのことをしようとする
Q8　失敗しても立ち直りが早い
Q9　人からものを頼まれるとなかなかノーと言えない
Q10　たくさんの情報を検討してから決断を下す
Q11　人の話を聞くことよりも自分が話していることのほうが多い
Q12　人見知りする
Q13　自分と他人をよく比較する
Q14　変化に強く、適応力がある
Q15　自分の感情を表現することが苦手だ
Q16　好き嫌いにかかわらず、人の世話をしてしまうほうだ
Q17　自分が思ったことはストレートに言う
Q18　仕事の出来栄えについて人から認められたい
Q19　競争心が強い
Q20　何事でも完全にやらないと気がすまない

【診断方法】

各設問の点数を計算し、各タイプの点数を割り出します。

・「コントローラー」の点数（11から、4、7、17、19、20の各質問に対する答えの合計点数を引く）
・「プロモーター」の点数（12から、2、6、8、11、14の各質問に対する答えの合計点数を引く）
・「アナライザー」の点数（13から、1、5、10、12、15の各質問に対する答えの合計点数を引く）
・「サポーター」の点数（12から、3、9、13、16、18の各質問に対する答えの合計点数を引く）

【診断結果】

4つのタイプの最も点数の高いタイプが、その人の中で比較的傾向の強いタイプであると考えられます。人によっては2つのタイプで高点数になる場合や、4つのタイプともに同じくらいの点数になることがあります。その場合は、その人の中でそれぞれが傾向の強いタイプであると考えられるということです。

自分のタイプがわかれば、自分のコミュニケーションの傾向がわかります。そして、気になっている相手のタイプを推測することもできます。自分のタイプと異なるタイプであった場合には相手の傾向を考慮しながらコミュニケーションすることで、これまでよりうまく関係を築いていくことができるのです。

部下のタイプがわかれば、どういう言動が部下のモチベーションを上げるか、下げるかが判断できます。部下を肯定する場合にも、どのような肯定の仕方をすれば部下が受け取りやすいかがわかるのです。ぜひこのタイプ分けを有効に活用してみてください。

※「タイプ分け」に関する著作権は、株式会社コーチ・トゥエンティワンに帰属します。

5「うなずき力」でオヤジが輝く!

先にも述べたとおり、時代背景は様変わりし、豊かな時代に生まれ育った若者が会社に続々と入ってきています。彼らに、現在のオヤジ管理職が若手でバリバリやっていた頃の「ハングリーさ」は見られません。なぜなら欲しいモノはすでに生まれたときから身の回りに揃っていたからです。つまり、モノでは彼らの欲求本能を刺激できません。彼らの欲求が高度になり、「他人に認められる」ことに、さらに強い喜びを感じるからです。

特に自分を評価してほしいと感じる相手、たとえば学生なら教師や部活の先輩、社内人なら上司や取引先、子どもであれば親や祖父母であるかもしれません。その人たちに褒められたら、喜びを感じることでしょう。しかし、前項でも述べたとおり、「受け取り方は人それぞれ」だということを忘れてはならないのです。

課長のQさんは、部下を褒めることで、部下をやる気にさせることができると考えていました。部下にしばしば「よし、よくやった！」「うまくできたじゃないか」と褒める言葉をかけていたそうです。

しかしある日、Qさんが褒めても、ちっともうれしがらずに表情を曇らせる部下がいることに気づきました。「なぜだろう。せっかく上司の自分が褒めているのに……」とQさんは考えたそうです。そしてQさんはあることに気づきました。それは、自分は褒めていたつもりでも、部下から見れば、部下のそれぞれの結果をQさんがその都度「評価」していることにほかならなかったのです。

そこでQさんは、褒めるときの表現方法を変えてみることにしました。部下の一つひとつの行動が、Qさん自身にどんな感情を与えたのかを素直に言葉にしてみるようにしたのです。

「さっきの君のプレゼンは、本当に安心して見ていられたよ」

「君が頑張っているのを見ていると、やる気が出てくるよ」

すると以前、顔を曇らせていた部下も今度はとてもうれしそうにしているのを発見したのです。

Qさんが発したメッセージこそが**「Iメッセージ」**です。Iメッセージとは、アドラー心理学で使われる言葉で、対するものに**「YOUメッセージ」**があります。

Iメッセージとyouメッセージの違いは、「主語を誰にするか」ということです。Qさんの最初の褒め言葉は、あなた（YOU）が主語になっているYOUメッセージでした。

「よし、（君は）よくやった！」

「（君は）うまくできたじゃないか」

しかし、その後は自分（I）を主語にしたIメッセージに変えたのです。

「さっきの君のプレゼンは、（私が）本当に安心して見ていられたよ」

「君が頑張っているのを見ていると、（私の）やる気が出てくるよ」

今回は褒める言葉でしたが、もっとわかりやすい例を出してみましょう。

「ゴロゴロ寝てばかりいないで、（あなたが）少しは手伝ってくれたらどう？」

「今、手が離せないから、少し手伝ってくれると（私が）うれしいんだけど」

いかがでしょうか？　前者がＹＯＵメッセージ、後者がＩメッセージです。言っている内容は、どちらも同じで「手伝ってほしい」ということです。前者は相手を責めていますが、後者は、「自分がどうしてほしいか」を率直に伝えています。後者ならば、言われたほうもすんなりと要求を受け入れやすいのです。


Ｉメッセージで大切なのは、相手を思いやる気持ちです。「あなたが〜です」という言葉は非難や指示という印象を受けてしまいます。一方で、「私が〜です」と表現することで、相手にぐんと伝わりやすいメッセージになるのです。

相手を思いやる気持ちは、共感の基本です。「上司に褒められれば、部下がやる気になる」と思っていたＱさんは、自分の思い込みのまま行動していました。ある意味、部下の本当の気持ちに向き合おうとせず、知識を鵜呑みにしていただけでした。しかし、褒められることに居心地の悪さを感じる部下もいることにＱさんが気づいたのは、**部下の本当の気持ちに寄り添うことができた**からです。心理学の知識や、Ｉメッセージの概念などを知らなかったＱさんが、自然とこのメッセージの伝え方を編み出したのは、素晴らしいことだと思います。その後Ｑさんの営業所は、明るい笑いが絶えない職場になりました。

「ただのオヤジ」は「共感する力」の存在に気づいていません。だから、部下からの「共感されたい」という欲求に答えることもできないのです。

あなたには「共感オヤジ」になって、職場でイキイキと輝いてもらいたいのです。

第5章

こんなオヤジは捨てられる！

1 オヤジは過去を語るな！

「外的コントロール」という言葉を耳にしたことがあるでしょうか。

この外的コントロールというものは心理学用語の一つで、これまで述べてきた**「共感すること」とはまったく正反対に位置づけられる行為**を指します。

私たちはずっと職場や家庭で、相手を批判したり、責めたり、ガミガミ言ったり、脅したりと外的コントロールを使って部下や家族の考え方や行動を変えようとしてきました。

しかし、外的コントロールをいくら行使したとしても、人を本当に変えることはできません。仮に思いどおりに相手を動かせたように見えても、表面上あるいは一時的なことにしかすぎないのです。そして注意すべきは、外的コントロールが行使されている場面では、受ける側はもちろん、周囲の人間や職場まで必ず強いストレスにさらされてしまうという事実です。

ある有名なラーメン店では、お客さんがいる状態でも店主が見習い社員を怒鳴り散らし、罵倒し、ときには蹴ったり、物で殴ったりしていたそうです。しかもそれは日常的に行われていて、お客さんも不快に思いつつも「いつもの光景」と思って見て見ぬふりをしていました。そんなあるとき、その様子を見かねたお客さんが店主についに言いました。「食べているときに、そんなに怒鳴り散らされたのでは、こっちの気分も悪いじゃないか」。すると店主はそのお客さんに代金を返し、こう言ったそうです。「すみませんね。うちはこういう店なんです。お代は返しますから、帰ってください」と。

本来、ラーメン店の使命は「美味しいラーメンを提供し、お客さんに喜んでもらう」ことではないでしょうか。自分の教育方法を妄信するあまり、大事なお客さんを追い返すという本末転倒な結末を迎えたのです。そのお客さんは二度とその店を訪ねることはないでしょう。人気店だから、有名店だからと店主は大きな考え違いをしていたに違いありません。

実際、店主も自分の修業時代には、そういう扱いを受けていたのかもしれませんが、時代が変わっても同じ方法では通用しないものです。そしてそういう人は、部下が音を上げると決まってこう口にします。「俺が若かった頃は……」と。

昔話を聞かされて、心から感服する人はいるのでしょうか。「アンタの昔話と、今の自分と、なんの関係があるのか」。そう思う人がほとんどでしょう。これでは人から自発的な「やる気」を引き出すことは到底できないわけです。

新任管理職研修で、こんなことを参加者から聞いた覚えがあります。参加者に向けて私が「みなさんは、どんな上司になりたいですか？」と質問を向けたときでした。ある人が、「僕は、歴代の僕の上司が自分にやってきたこととまったく反対のことをする上司になりたい。部下を肯定する、信頼する、任せる、一人の人間として扱うことで、当時僕がやってほしいと思っていたことを、これから部下にはやっていきたいと思っています」と答えてくれました。

彼は、これまでの自分の上司をカウンターモデル（反面教師）と捉えることで、自分の上司像の「軸」を決めていたのです。**部下を一個人として尊重し、共感していく姿勢が、管理職としていかに大切なのか**を再認識させられた発言でした。

私たちには、このような外的コントロールを当たり前と考えていた時代がありました。

日本が高度成長時代にあった１９７０年代当時、日本の職場では外的コントロールが日常的に、当たり前のように使われ、外的コントロールをベースとした部下指導、業務遂行が行われてきました。

誰もが「生活レベルを向上させることが第一優先」と考えていた時代にあっては、外的コントロールは大きな力を発揮していたのです。これは、当時の部下自身も生活レベルを向上させるには、上司の言うとおりに動くことが近道であると思っていたからにほかなりません。我慢しても、それに見合う「メリット」があったのです。

しかし、今日ではまったく時代錯誤的な行為となってしまいます。第一、我慢しても、それに見合う「メリット」がありません。マーケットはとっくに成熟化し、低成長時代に入っています。企業は費用削減を常に考えねばならず、経費のほとんどを占める人件費は真っ先に削減の対象になります。肩たたきやリストラは当たり前です。企業自体が立ち行かなくなるケースもしばしば起きています。

自分の周囲の人がリストラに遭っているのを目にしたり、ニュースで見たりしている今日の若手社員は、**我慢する「メリット」がすでに消滅していることを悟っているの**です。

高度成長時代、外的コントロールが社会的に当たり前とされていた時代には、その影響が当時のテレビアニメにも色濃く反映されていました。

「巨人の星」という〝スポ根アニメ〟が大人気でした。当時は「根性」という言葉が大切なものだとの認識が一般的でした。

この時代に育成された40歳代以降の管理職は、外的コントロールを受けるのも行使するのも当たり前だと、自然と擦り込まれてしまっています。いわば「外的コントロール世代」です。

ですから「外的コントロール世代」が現在、上司となっている多くの職場では、今でもごく普通に外的コントロールを見ることができます。それは自分が上司になり、会社でそれなりの地位にいられるのは、外的コントロールの教育を受けてきたからだと信じているからです。しかし、当時を思い出してみてほしいと思います。

それであなたは本当に幸せでしたか？

オヤジが過去を語ったところで、何もいいことはありません。それは別の意味で競争が厳しくなった現代において、オヤジ世代が若かりし頃の話は役に立つものではないからです。「自分が若かった頃は、こんなにつらかった、大変だった」という経験を話しても、現代の若者を悩ませているのは、別のつらさ、大変さだと理解する必要があります。

あえて過去を語らない。それが「共感オヤジの美学」なのです。

2 できの悪いオヤジほどよく吠える

部下を大声で恫喝するだけで、面白いように部下を動かせた時代は終わりました。

では、なぜ外的コントロールは機能しなくなったのでしょうか

最も大きな理由は、技術の進歩によっていつでも欲しいものが手に入る「豊かな社会」が実現したことにあります。１９６０年～１９７０年代の高度成長時代に始まる大量生産によって、日本では世界に類を見ない「豊かな社会」が実現したのは周知の事実です。

今日の上司のみなさんが新入社員の頃、日本は高度成長の真っただ中にありました。しかも世の中は物不足でインフレーションの時代であったことから、工場で生産すれば製品は次々に売れていきました。

物不足の時代には、企業活動も過去の成功体験の踏襲でよかったのです。供給が需要に追いつかず、社会環境も今のようにスピードが速くなかったことから、従来の成功体験をそのまま踏襲しても物は売れた時代でした。マネジメント的にも、上

司から部下への一方通行の指示命令型が十分機能し効果的だったのです。

他方、デフレーション状態にある今日では状況が大きく変わってきます。他社よりも良い品質の商品を、他社よりも安く提供していくことができなければマーケットの中で淘汰され退場を余儀なくされてしまいます。このような厳しいマーケットの中で生き延びていくには、特に**若い人たちの新しい発想や知恵を結集させていかなければヒット商品は作れません**。

また、今日では社会の各分野のスピードが異常なほど速く、携帯電話やインターネットが出てきてからは一層変化に加速がつきました。「十年ひと昔」が、現代では「三年ひと昔」、技術や情報にいたっては「一年ひと昔」と言っても過言ではありません。こんな環境にあっては、数十年前に経験した上司の成功体験は通用しなくなってしまったのです。

子どもの頃から家にパソコンがあるのが当たり前、または学校でパソコン教育を受けてきた世代に、パソコンの技術や知識でオヤジ世代がかなうはずもありません。

昔の経験を引き合いに出し、部下を説教する上司が、「○○君、ちょっと教えてほしいんだけど」とワードやエクセルの操作方法を部下に教えてもらう。実際にある話です。しかし、部下は上司にパソコン操作を教えるために雇われているわけではありません。部下の仕事時間を確実に「犠牲」にしているのです。言わば〝**お荷物〟状態の上司が恫喝したところで、部下にとっては「負け犬の遠吠え」にしか思えない**ことでしょう。

Rさんは職場の上司との関係で悩んでいました。コミュニケーションタイプでいうとRさんは「アナライザータイプ」で、上司は典型的な「コントローラータイプ」でした。上司は外的コントロールをガンガン行使する人だったのです。

この2つのタイプは、正反対のコミュニケーションタイプを持っています。私はRさんから話を聞いたときに「かなりキツイだろうなあ」と思ったことを覚えています。Rさんは職場のみんなの前で上司に怒鳴られ、強烈な言葉を浴びせられたことがありましたが、その場では我慢したそうです。

その日の夜遅くにRさんは帰宅し、寝ている子どもの顔を見て思わず目頭が熱くなりました。彼はそのときに思ったそうです。「やっぱり人の気持ちを考えるって大切だよなあ……」と。いずれ彼が上司という立場になった際、彼はこの言葉を本当に大切にしていくだろうと思いました。

今の若い世代は、「根性」という言葉に魅力を感じていません。それどころか「根性」を口にする上司は、時代錯誤も甚だしい人と見なされかねません。

彼らは生まれてからずっと、とても豊かな環境で育ってきたのです。我慢しなくても手に入るものが多く、我慢してまで手に入れたいと思うものはわずかです。外的コントロール世代とはなんと大きな差でしょうか。

逆に、彼らは外的コントロールに対する免疫や抵抗力はほとんどないことから、行使すればかなりの心的ダメージを与えてしまいます。意欲低下につながるだけでなく、長期にわたれば新しい職場へ転職してしまおうと短絡的に考えてしまいかねません。「いい時代」に生まれて「何でも揃っている家庭」で育った彼らには、上司から外的コントロールを受けて、**嫌な思いをしてまで働く意義を感じない**のです。

雇用側も考え方が変わってきました。賃金や福利厚生といった「物理的な整備」は当たり前のこととして、社員の「働きがい」や「働きやすさ」を求めるようになってきました。「ワークライフバランス」や「ダイバーシティ」などに真剣に取り組んでいる企業も珍しくありません。お金をかけて採用し、一から教育した人財を放出するのは得策ではないと経営者たちが気づき始めたのです。

そんな背景の中、外的コントロールを行使し続ければどうなるでしょうか。**会社の求めるものと真っ向から対立してしまう**のです。

社員の持っている優れた能力や情報を結集させていくためには、まず職場で部下が感じているストレスをなくすことがスタートとなります。外的コントロールを使わず、**広く情報、発想、知恵を集め、新しい商品、新しい営業手法に次々と取り組むことのできる企業こそが勝てる時代**だと認識してください。「うなずき力」がいかに大切な役割を果たすか、もうおわかりですね？

「ダメオヤジ管理職」ほどよく吠える。そんなオヤジを尻目に、あなたは職場の太陽を目指してください。

3 気がつけば、オヤジはいつでも変われる

これまで無意識に外的コントロールを使ってきた人や、意識的に使ってきた人もいることでしょう。「今でもその方法で機能している」という人もいるかもしれま

せん。確かに、外的コントロールが機能する場面はあるでしょう。しかし、昔と違ってそのような場面は極めて少なくなってきていると思います。さらに言ってしまえば、それは表面上、または一時的なものであるかもしれません。

そうはいっても人間、すぐに「わかりました。明日からそうします」と言えるわけではありません。特に何年も何十年にもわたって外的コントロールが身についてしまっている場合は、その期間が慣性力となって行動に影響を与えてきますので、一朝一夕に改善するのは難しいでしょう。しかしそんな人であっても、自分自身で「ああ、そうだったのか」と気がつけば変わることができるのです。

あなたなら変わることができます。なぜならこの本を手に取り、実際にここまで読みすすめてきているからです。「気がついても変われない人」は、この本を読んでいないでしょう。多少なりとも新しい知識を得たい、実際に利用できそうなことであるならば現場で使いたい、何か新しい方法を知るキッカケになるかもしれない……あなたはそんな思いでこの本を手に取られたのではないでしょうか。

あなたの今のその気持ちが重要です。**その気持ちがあれば必ず変わることができます**。あなたが、「共感オヤジ」に変わったとしたら、周囲にどんなことが起きるでしょうか。部下はどう感じるのでしょうか。

おそらくあなたの考えや気持ちや真意がより確実に部下の心に伝わるでしょう。あなたの人間的なフトコロの深さに、部下は一層信頼を強めるはずです。そして、あなたの周りには安心して自分の仕事に全力を注いでいる部下が集まってきます。部下は、あなたという上司のもとで仕事ができてよかったと思ってくれているはずです。まだまだほかにもいい影響はあります。あなたが変わることで、これだけの幸せの種が周囲の部下の心に生まれてくるのです。

ほんの少しだけ勇気を持てば変わることができるのです。一気に変わる必要はありません。ほんのちょっとずつでも、納得しながら、確かめながら変わっていけばいいのです。時間がかかっても問題ありません。まずはできるところから試してみませんか。

第6章

共感オヤジは存在肯定を大事にする

1 存在肯定は共感のベースだ

人と共感していく上で、その促進剤にあたる行為があります。それは「存在肯定」と呼ばれるものです。相手を存在肯定することによって、お互いが共感しやすい下地を作ることができます。

存在肯定のもともとの意味は、「自分の目の前にいる相手の存在を認める」ということです。**「あなたが私の目の前に存在していることを、私はちゃんと知っていますよ」というメッセージを、目の前の相手に行動や言葉でしっかりと伝えること**を意味しています。「あなたの存在を認めている」ということは、「あなたの存在を意識している」ということです。すなわち、職場では上司が「私はあなたを一人の人間として大切に思っていますよ」と部下に伝えることで、部下に安心感や信頼感が生まれ、上司と部下との共感の下地となります。

存在肯定の言葉は、目の前の相手にかかわることであれば何でもいいわけです。相手との関係の中で、そのとき自分の心に浮かんだ気持ちを素直に表現するようにします。

たとえば、職場であれば上司からの「おかげで助かったよ」「どうもありがとう」など、お礼の言葉一つが受け取る相手にとって存在肯定につながるのです。

以前、うつ病を患った若者が地域活動に参加したときに、住民からうれしそうに「どうもありがとう!」と言われたことがきっかけとなり、その後も地域活動に参加し続け、次第に「笑顔」を取り戻していったという話を聞いたことがあります。

人から「お礼」を言われることで「自分は役に立っている」ことが確認でき、その結果、人の役に立っている自分自身を「自己肯定」することができます。それが自分自身の「存在感を確認する」ことにつながるのです。

存在肯定するときのタイミングも大事です。タイミングを外せば、相手に取ってつけたような感じを与えてしまいかねません。存在肯定されるほうもベストタイミングで言葉をもらったほうがうれしいのです。そのためには、常日頃から相手をよく観察しておくことが大切です。そして、存在肯定するタイミングとしてベストなのはいつなのかをあらかじめ考えておくことも必要です。

もちろん、最初はぎこちないのも当然です。今まで部下をねぎらったことがない上司が急に変わるというのも、言葉をもらう本人からすれば「え?」と戸惑うこともあるでしょう。

相手の反応がいまひとつでも、ぎこちなくても、めげないでどんどん存在肯定をしてあげてください。すぐにベストなタイミングをつかめるようになっていきます。上司であるあなたの評価も変わってきます。存在肯定をすればするほど、それは回り回ってあなたのところへ返ってきます。

全般に言えることですが、存在肯定する言葉は、部下が自分なりに頑張ったと思っているときにタイミングよくもらえるとうれしさが倍増するものです。逆に自分としては満足できていないような結果や、明らかにうまくいっていない状況で肯定してもらっても素直に喜べないものです。

これまでねぎらいの言葉をかけたことがない人や、部下に自分から挨拶したことがない人が、一転して言葉をかけるようになることは素晴らしいことだと思います。最初は部下も違和感を感じたり、「どうしちゃったの？　今日の課長」などと戸惑ったりすることもあるでしょう。しかし、続けていくことで人とのコミュニケーションは噛み合っていくようになり、やがて共感し合う関係が醸成されていくのです。

人が、望ましい行動をその後も繰り返し継続できるかどうかは、その行動をしたときにどんな気持ちになったかに左右されます。つまり、「行動結果」が重要なのです。この「行動結果」に対して、思い切り存在肯定を行っていくことによって人は「よし、またやろう」と思うことができるのです。

2 オヤジは言葉を大事にせよ！

どんな存在肯定の言葉を投げかけるかは、その相手によって違ってきます。

あなたが、部下自身が一番欲している言葉を投げかけられればこれ以上のことはありません。したがって、どんな言葉を投げかけるのかには、**上司側の日頃の観察力とその人柄が表れる**といえます。

ここで、存在肯定する言葉の基本例を少し紹介しましょう。

① その場で感じたことを「Iメッセージ」として伝える

・「あの意見は的を射ていたね」
・「手伝ってくれて助かったよ」
・「この案件では頑張ってくれてありがとう」……etc

② **本人に関する客観的事実や変化を伝える**

・「今日は珍しくグレーのスーツなんだね」
・「よく日に焼けてるね」
・「床屋に行ったんだね」……etc

③ **本人の業績や成果について伝える**

・「この課題はついに100%達成したね」
・「君がいてくれたおかげで、このプロジェクトがスムーズに進んだよ」
・「今月の業績は君のリーダーシップの成果だと考えているんだ」……etc

④ **本人の成長を伝える**

・「今回のプロジェクトで一段と成長したね」
・「昨年とは見違えるようにスピードアップしたね」
・「次回は一人で任せても大丈夫だね」……etc

ポイントは、そのときの部下の変化や見え方を素直な言葉で表現するということ。いろいろな言葉や言い回しがあるとしても、根底に部下の現状を存在肯定するという気持ちがあればいいのです。部下が、「自分を見ていてくれる」「わかっていてくれる」と感じられることに意味があります。

人によっては、褒められるとにわかに信じられないという顔をしたり、疑うように考え込んでしまったりもします。いきなり「素晴らしい！　すごい！」などと言われると、引いてしまう人もいます。これはアナライザータイプに多い傾向かもしれません。

同様に、人は自分で存在肯定されるに値しないと思っていることを相手からことさら存在肯定されても、かえって戸惑ってしまうものです。逆に、自分が自信を持っていることや、やり切ったと思う業績を肯定されると非常にうれしいものなのです。

つまり、**存在肯定した内容が的を射ているほど、存在肯定の威力は倍増する**のです。

そのためには存在肯定する側に観察力が必要になってきます。存在肯定したい部下を日頃からよく見て、彼（彼女）はどんな存在肯定を欲しているのだろうか、どの部分を存在肯定することができるだろうかと考えてみることが大切です。

朝の挨拶も、相手を存在肯定することの一つです。よく下を向いたまま、あるいはパソコン画面を見つめたまま、口先だけで「おはようございます」と言うことがありますが、それでは相手を存在肯定していることになりません。言われたほうも、単なる習慣にすぎないと理解します。

相手を存在肯定する挨拶をしたいならば、相手の方に体（顔と体）を向き直して「おはようございます」と言わなくてはなりません。この動作自体が、挨拶してきた相手の「人格」を存在肯定してあげたということになるわけです。

一般的な挨拶やねぎらいの言葉による存在肯定ではなく、より個人に限定されるような事柄のほうが相手に強く機能するものです。

たとえば、苦労して推し進めてきたプロジェクトがやっと日の目を見たとき、司会進行していた大きな会議が終了したとき、苦労していた提案がやっと承認されたときなど、存在肯定をする絶好の機会です。特別な言葉ではなく、ごく自然な言い回しで声をかけてあげましょう。まずは言葉に出すことが大切です。

3 オヤジは部下のタイプを熟知するべし

部下への的確な存在肯定は、顔や性格が異なるように一人ひとり異なります。その人にベストな存在肯定を投げかけるために、前出の「タイプ分け」は役に立ちます。覚えておくといいでしょう。

それぞれのタイプでの存在肯定の仕方というのは、次のとおりです。

①コントローラータイプ

このタイプの人は、どちらかというと他人から存在肯定をもらわなくても、自分で「自己肯定」ができる人です。自分で設定した目標に向かい、意欲を出し、自分で考え行動することができます。行動の結果、成果が出たときにひと言「うまくできたね」「よくやったね」と存在肯定すれば、それだけで十分にやっていける人です。したがって、コントローラータイプの人を存在肯定する場合には、**結果や成果に着目して、意欲づけするような言葉をかけてあげる**ようにしましょう。

このタイプの人は、自分が一人でも十分に機能できることから、他人に対しても

「その程度ならできて当たり前」という考え方をしてしまいがちです。このタイプの人が管理職に就いて部下を持った場合、よくあるケースとしては、「自分が部下を存在肯定しなくても、部下はやっていくことができるはずだ」と思い込んでしまうということです。

もしあなたがコントローラータイプである場合には、あなたが思っている10倍くらいの存在肯定を部下にあげてちょうどいいのではないでしょうか。また、コントローラータイプは強面で単刀直入に物を言うため、リーダーになったときにメンバーからネガティブな情報が入って来にくいという傾向があります。このあたりも十分に留意しておく必要があります。

②プロモータータイプ

プロモータータイプは、存在肯定されることでさらに「熱く」なっていくタイプです。好奇心が強く、新しい物好きです。このタイプも自分で意欲を出して、目標に向かっていきます。目標達成するプロセスの中で、逐次存在肯定していくことで、それを自己肯定につなげ行動できるタイプです。

ただ、**理想やアイデア先行で熱くなりやすいことから、逆にコツコツと確実に進**

むという視点が欠落する傾向があります。まずこのタイプの想定している「物語」を十分に聞いてあげることで、彼のモチベーションを上げ、その上で不足していると思われるところをアナライザー的な視点からアドバイスするというのがじょうずなやり方です。

③サポータータイプ

サポータータイプの場合、存在肯定は最も機能し効果があります。このタイプの人は無意識に、常に上司からの存在肯定を希望しているからです。

サポータータイプは「周囲の役に立っている」ということが一番の自分の存在価値であると考えています。したがって、**どんな小さなことであっても存在肯定できると思えることがあったときには、すぐにその場で存在肯定してあげてください。**さらにモチベーションが高まり、チームに貢献してくれるはずです。サポータータイプは頼りになる「縁の下の力持ち」なのです。

このタイプの傾向として、つい上司からの指示を待ってしまうという場合があります。最初に小目標や中目標レベルまで一緒にレベリングを図ることで、この傾向を少なくしていくことができます。

④アナライザータイプ

アナライザータイプも、存在肯定していくことでモチベーションが上がるタイプです。このタイプは、詳細なところまで注意が届き、コツコツと成果を積み上げていくことで目標達成することが得意といえます。非常に正確に物事を捉えることが得意であり、業務を成功に導くために必要なタイプです。コントローラータイプやプロモータータイプが、どちらかというと足元が見えなくなってしまう傾向なのに対して、このタイプはしっかりと足元を見ることができ、欠落を見逃さないのでフォローもできます。

存在肯定する際にも、口先だけではすぐに見破られてしまいます。したがって、アナライザータイプを存在肯定する際には、彼らの行動をよく観察し、どのタイミングで何をピンポイントにしていくかをあらかじめ考えておくことが大切です。歯が浮くような褒め言葉を使おうものなら無視され、かえってシラケさせてしまいます。

アナライザータイプは自分の仕事の成果や業績について最も正確に捉えていますから、業績の高低に応じて、正確に存在肯定を投げかけることがポイントです。

しかし、アナライザータイプは存在肯定されるのを嫌がっているわけでは決してありません。**タイムリーで、的を射た存在肯定を待ち望んでいるタイプ**なのです。それによって「自分はこれでいいんだ」と自己肯定感を一層強化し、次のステップに進んでいきます。そしてそれは、自信を与えてくれた上司や仲間に対して、貢献意欲として表出されるのです。チームにとって非常に心強いタイプといえるでしょう。

4 オヤジは常にトライせよ

職場で誰かに存在肯定されてうれしいと感じるのは、

- **直属の「上司」から肯定されたとき**
- **周囲から一目置かれている「人」から肯定されたとき**
- **自分をよく知る仲の良い「同僚」から肯定されたとき**

といえます。私たちは自分と利害関係が一致するような上司や仲間、周囲から一目置かれているような人物から存在肯定されると、モチベーションがアップしアドレナリンがどんどん出てくるのです。

さらに高度なテクニックとして、相手の現在のレベルに迎合した存在肯定ではなく、ワンランク引き上げるような言い回しがあります。

どういうことかというと、たとえば、大きな課題を達成した部下に向かって、

「うまくいったね。君ならできると思っていたよ」

という表現よりも、

「うまくいったね。私が想像していた以上のでき映えだと思うよ。また成長したな!」

と伝えられるほうが、相手はずっと気分がいいはずです。

また、

「この計画は今が正念場だけど、君ならきっとできると思うよ。頑張ってくれ」

という表現よりも、

「この計画は今がちょうど正念場だね。どっちに転ぶか難しいところだけど君が実力を100%出してくれればうまくいくと考えているんだ。期待しているよ」

という言い回しのほうが、相手も「よし、頑張るぞ!」というアドレナリンが出てくるはずです。

ポイントは単なる「励まし」ではなく、本人が置かれた状況を十分把握しているというニュアンスがにじみ出るようにすることと、本人の実力も常日頃から良く見てきて理解しているということをうかがわせることです。

特にこのような言い回しは、相手がアナライザータイプである場合に最も機能します。アナライザータイプは、一般的な褒め言葉やお世辞は嫌がる傾向があるからです。

さらに相手の気持ちに響く言い回しがあります。それが前出の「Iメッセージ」「YOUメッセージ」です。

たとえば、同じ内容を言っていても、2つの表現を比較してみるとこんな感じになります。

「（あなたは）提案の説明が大変じょうずですね！」（YOUメッセージ）
「今日の提案は核心を突いていたし、（私は）わかりやすくて大変じょうずだったと思いますよ！」（Iメッセージ）

「（あなたの）今日の提案はイマイチですね」（YOUメッセージ）
「今日の提案は、（私には）よく理解できずに残念でした」（Iメッセージ）

いかがですか？　違いがおわかりになったのではないでしょうか。

また、存在肯定する側の態度も重要です。部下を存在肯定する際には、「上司づら」をしてはならないということです。

存在肯定する場合には、あくまでも部下を一人の人間として個人対個人、人間対人間の目線で伝えましょう。「上司づら」で語られては「権限の誇示」になってしまいます。せっかく存在肯定しているのに、部下に「またかよ」と思われては元も子もありません。

アナライザータイプに多い傾向ですが、褒められたことを深読みしてしまい、「この後何かあるな」と推測して素直に喜ばない人もいます。しかし、単に褒めるだけの存在肯定でなければ、相手が典型的なアナライザータイプであっても、またいかなる状況で使ったとしても、それは「わざとらしくない」わけです。

存在肯定するときには、言い回しをうまく使うことが、ワンランク上の存在肯定であるといえるでしょう。オヤジ管理職は、現状に甘えることなく、常に新しいことにトライし、共感力を磨くよう努力してほしいと思います。

第7章

オヤジは共感で愛を語る

1 加点主義と減点主義

私たちは誰でも長所もあれば短所も持ち合わせています。どんな立派な人でも優秀な人でも、それは変わらないでしょう。

管理職の人であれば、「加点主義」と「減点主義」という言葉はなじみが深いことでしょう。「加点主義」とは、本人の良いところを見つけては加点していく評価方法です。逆に「減点主義」というのはミスがあれば次々に減点していく方法です。

どちらの評価の方法を選ぶかは、その会社や個人によってまちまちです。

しかし、両者の違いは単純に、人の長所に注目するのか、短所に注目するのかであり、それは個人の考え方の違いでもあるわけです。言い換えると、**「長所」に着目してさらに伸ばすという視点と、「短所」に着目して不足している部分を持ち上げていくという視点**でもあるわけです。

たとえば、フェラーリはどんなクルマよりも速く走ることができます。しかし、ゴルフバックを４人分積むことはできません。他方、ミニバンはゴルフバック４人分だけでなく、さらにバーベキューセットも積むことができます。しかしフェラーリのように速く疾走することはできません。それぞれ「長所」があるのです。そしてその裏返しが「短所」として存在しているのです。スピード至上主義の人にしてみれば、フェラーリこそ理想の車であり、荷物を積めないという短所など気にならないことでしょう。また、実用性を第一に考える人であれば、ミニバンの積載量に感激し、スポーツカー並みのスピードがなくても何も問題はないはずです。

このように、本来「加点主義」「減点主義」に、優劣はありません。正否もありません。どちらも評価法として「正しい」のです。

しかし、目の前の相手、特に部下を肯定してあげたいときには、減点主義的な視点では肯定することができません。**肯定するには「加点主義」の視点で相手を見ることが必要になるのです。**

「加点主義」で人を見ることができる人は、相手の「長所」を簡単に見出して、そこを肯定することができます。逆に「減点主義」で人を見る人は、相手の至らない部分にばかり目が行ってしまい、「こんなヤツを肯定などできるわけがない」という気持ちになってしまいます。ですから、肯定をしていく場合には、その人の見方を「加点主義」にすることが必要なのです。「長所」に注目することで、その「存在価値」自体が光を放ち始めます。

一方の減点主義的な視点とは、自分の現在の状態や相手に求める理想の状態を「100点満点」として、目の前の相手を評価していく視点です。どんな部下でも上司の100点満点の状態と比較されては、マイナスポイントがどんどん積み上がってしまうことでしょう。実際には、**外的コントロールを行使し続ける上司ほど、この減点主義的な傾向が強い**ものです。言い方を変えれば、常に上からの目線で相手（部下）を捉え評価し、採点する傾向が強いということです。

減点評価で相手（部下）に接すれば、「役に立たないヤツだな」とか「使えないヤツだ」といった相手への侮蔑のメッセージを、知らず知らずのうちに体から放出することになります。言葉にしないものの、返事の代わりに大きなため息をついたり、興味がないような目を向けたりと、行動に表れることもあります。

そんな気持ちのままではいくらじょうずに「肯定」しようと、口先だけの言葉になってしまいます。いつも仕事を一緒にしている部下であれば、たちまち見抜いてしまうでしょう。

減点主義的な見方を続けていけば、やがて周りの部下ができない人間ばかりに見え始め、これで目標が達成できるのかと懐疑的になり、次第に上司の方にストレスが鬱積してくるものです。そしていつも不機嫌になり、それを見ている周囲にも雰囲気が波及し、職場の空気が重くなり生産性も低下するという悪循環に陥ります。結果、業績は停滞し離職者も出るようになったりするのです。減点評価を続ける限り、その職場の求心力は減る一方といえます。

これを好転させていくには、少しでも良いところを見つけていく加点主義的な見方に変えることが必要です。そして上司自ら明るい態度を取ることで職場の空気を軽くしていくことが大切です。何より、**上司であるあなた自身の気持ちが落ち込まずにすみます**。

また、減点評価には批判が伴いやすいものです。批判された相手は、その度に言い知れぬ無力感を感じ、ストレスが心に重くのしかかってきます。批判された相手は気持の整理をすることで精一杯となり、仕事も手につかなくなるものです。**批判することは非生産的**であり、批判で相手を変えようとしても結局何も変わりません。

相手を変えるには、批判せずに支援するという姿勢、自分も同じ方向を見ているという姿勢を伝えることが大切です。こうすることによって相手は気持ちの整理をする必要がなく、前に進むことに気持ちが向かいます。ここで初めて相手が変わる可能性が出てくるのです。

昔は、減点主義的な視点で相手を批判し、叱責することで強制的に変えようとする傾向が多くありました。現代では、相手を批判して変えようという方法は稚拙なやり方であることが知られています。

減点主義では、他人が持っている「自発性」や「創造性」を引き出すことができません。批判や叱責では、相手が威圧感で萎縮してしまうからです。結果として、他人の良い考えやアイデアを集めることができません。そうなるとその組織の生産性が低くなります。

新しい切り口や斬新なアイデアが必要とされる、今日のような成熟したマーケットの中では、そのような組織や企業はやがて淘汰されていくでしょう。

相手に共感しようとするには「加点主義」であることが必要です。肯定部分の積み上げ方が「加点主義」の考え方になるのです。**成果を出している組織ほど、加点主義が浸透**しています。

上司が減点主義的な見方で部下を見ている場合、自分に比べて生産性の悪い部下を見ては、「あいつは何をやらしてもダメだ」という感情が湧いてきてしまいます。

たとえばこんなケースです。

職場に異動でやってきた若手社員のSさんは、日によって意欲に波があるようで、やる気のない日には態度も投げやりで進捗も良くありません。周囲に悪い影響も与えかねない危険性がありました。

上司がSさんを呼んで注意しようとしたとき、どう伝えるのがいいのでしょうか。

「やる気があるのか？　今のような状態では、現在の給料に見合っているとは思えない。このままだと給料は見直さざるを得ないよ」

と上司がSさんに言ってしまったとしたら、それこそSさんのモチベーションがますますダウンしてしまうことでしょう。もしかしたら離職してしまうかもしれません。

そこで、言い方を次のように変えてみるのです。

「異動後で、まだこの部署の業務ペースに慣れていないように見えるんだ。君が少しでも早く慣れるように支援したいと思うんだけど、私に何かしてあげられることがあるかな？　あるなら遠慮なく言ってくれないか」

前者と後者では、どこが違うのでしょうか？

前者：減点主義的視点であるべき理想像と現在の状態とのギャップについて評価し、批判しています。

⬅

若手社員のあるべき姿を強要しています。本人も上司から見放されていると感じてしまいやすい言い方です。

相手に強要しているということは、外的コントロールを行使しているということになります。たとえば、

「○○君は何をやらせてもダメだな。これではこの会社では成功できないよ」

上司からそう言われた部下は落ち込むに違いありません。部下を落ち込ませてまで自分の言うことを聞かせようとしても、相手は気持ちの余裕をなくし、思考がフリーズしてしまうだけです。**部下は上司から言われた言葉を自分の中で整理し、再び意欲を出すまでに大きなストレスを負う**ことになるのです。その間、生産性も低下することが考えられ、双方にとって良いことはありません。

後者：加点主義的な視点で現在の状態と理想像とのギャップを埋めようとしていま

す。

若手社員のあるべき姿に近づくための自由度を与え、同時に上司側から支援の姿勢を見せています。

⬅

Sさんは、上司に言われる以前から、自分のパフォーマンスが良くないのは自覚しているはずです。したがって、ここで**加点主義的な視点で物を言うことにより、本人の意欲低下を最小限に止める**ことができます。そして上司からの支援の姿勢を見せることで、再び意欲を喚起していくことができます。**前者の言い方ではそこで終わってしまいますが、後者の言い方ではそこから始まる**のです。

2 加点主義はオヤジの愛だ！

他人に共感していく中であっても、「加点主義の考え方・捉え方」というのは自然に身についてはいかないものです。なぜなら私たちは幼少期からすでに、他人と比較する見方が身についてしまっているからです。

順位をつけないために、運動会でかけっこを廃止した学校もあるそうですが、学校に入学した時点で友達と比較するようになってしまいます。人と比較する視点は「減点主義」につながっているのです。

小学校、中学校、高校、大学、そして社会人になる成長過程において、私たちはいつの間にか「減点主義」で人を見るようになっています。したがって、人を「加点主義で見る、評価する」ことができるようになるには、意識的にその捉え方を習慣づけていくことが必要なのです。

われわれ日本人が、減点主義になじんでいる理由がもう一つあります。

それは、日本が島国で、ほぼ単一民族で構成された国家であることです。それゆえに、「同じ日本人だから、価値観やものの捉え方もまったく一緒だ」という前提で考えてしまいます。

この点、アメリカは「人種のるつぼ」と比喩されるように、白人、黒人、黄色人種など、あらゆる地球上の人種が集まった多民族国家です。したがって、生まれたときから「他人は自分とは異なるもの」との考え方がベースにあります。つまり、アメリカには一人ひとりの文化的背景が異なっている場合が多いために、基本的に黙っていては自分をわかってもらえない、かつ相手も理解できないという事情が根底にあるわけです。この点が日本とアメリカの基本的なコミュニケーションのスタンスの違いといえるでしょう。

その姿勢は、それぞれの人間への理解においても同じような傾向となり、アメリカ人は加点主義で評価しようとし、日本人は周囲の人間はみな同じという発想から減点主義に走りやすいのです。会議などで活躍する「ファシリテーター」がアメリカで流行っているという事情も、基本的に相手は自分と違うという考え方がベースにあるからだといえます。

この加点主義的な視点というのは、今日では管理職にとって身につけるべき必要不可欠な視点であるといえます。上司が加点主義的視点の持ち主であれば、常日頃、職場内では肯定的な見方ができ、部下の良い部分を積極的に見つけ肯定していくことができます。これが日常的になることによって、その上司のいる職場は誰もが安心し、職場全体に良い雰囲気が広がり、誰もが自由に発言し、自由な発想も生まれ、明るい職場になっていきます。外からの目には、これが「活性化した職場」と映るのです。

3 自己肯定が自信を育む

私は常日頃、「自己肯定しておくことが大事である」と申し上げていますが、「自己肯定」というのは非常に移ろいやすいものであるといえます。しっかりと掴んでおかないと、すぐに逃げていってしまうものです。その「自己肯定」を、いつでもどこでも行うことができる方法があります。

それは、**自分自身をあえて「加点主義的視点」で捉えていく**という方法です。自分の行動や感情をプラス評価することを前提に見ていくのです。

この世の中に完璧な人間なんていません。いろいろな人間で構成されているのが人間社会です。上を見ればきりがありません。他人と比較すれば自分の不足分ばかりが目立って、気が滅入ってきてしまいます。

特に向上心のある真面目な人は、他人と比較する際に必ず自分よりも上の人と比較してしまう傾向にあります。したがって常にコンプレックスと自己嫌悪感に悩まされるのです。そして、**自分自身を「自己肯定」できない状態にあるときは、他人を肯定したり共感したりする気力など、到底湧いてはこない**のです。

「加点主義的視点」で自分自身と周囲を見るという方法を身につけていくことで、その憂鬱からも解放されます。

減点主義というのは、ある理想的状態を最初に描いて、そこからマイナス要素を減点していくという方法です。これに対して加点主義というのは、逆に下から積み上げていく方法をいいます。つまり「加点主義的視点」で自分を評価することで「自己肯定」は可能となるのです。

では、「加点主義的視点」で自分を見るとは、どういうことなのでしょうか。

それは、日常生活の中で自分自身が下した判断を一つひとつ肯定していけばいいのです。特に落ち込んでいるときなどは、非常にささいなことでいいのです。まずそこから始めていきます。たとえば、

・今日は朝7時に起きた。(これでOK!)

・予定していた電車に乗れた。(これでOK!)

・遅刻しないでオフィスに入った。(これでOK!)

というふうに。

何のことはない、実は私たちは毎日無意識に「これでOK!」を心の中で繰り返して生活しているのです。自己肯定を意識して、より強い自己肯定をしていくため

には、当たり前だと感じていることから始めて、自分自身が下した判断、結果を意識的に肯定していくといいでしょう。

4 オヤジの共感は職場の活力だ!

課長のTさんは、アナライザータイプで生真面目な管理職です。彼は、スタッフに指示したことがきちんと実行されているので何も不満は感じていなかったのですが、Tさんとスタッフとの間に「壁」があるようにしばしば感じることがあったと言います。

私はTさんのプレゼンスや指示の仕方などを観察していて、気づくことがありました。それは、Tさんが**スタッフに自分の気持ちを伝えていない、言葉にしていないということ**でした。人は相手から信頼を得るためには、ある程度自分の内側をオープンにして、そのときの気持ちや感覚をさらけ出す姿勢が必要なのです。

スタッフは必要最小限の起承転結で物を簡潔に言うTさんを、課長として尊敬してはいましたが、Tさんが本当はどんな人なのだろうと思っていたのです。

このことを伝えると、Tさんはその後しばらくの間じっと考え込んでいました。もともとTさんが「壁」を感じていたというのも、自分のスタッフたちと親しくなりたいという気持ちがあったからでしょう。

管理職の中には「自分の気持ちをさらけ出すのは、部下に弱みを見せるようなものだ」と考える人もいますが、本来、**人が心の防御スクリーンを解除するのは、相手の気持ちに触れたとき**なのです。相手の気持ちがわかったとき、共感できたとき、人は相手に対する警戒心を解くのです。

その後、Tさんは少しずつ、自分の気持ちをIメッセージで伝えていくようになりました。今ではスタッフとの会話量もぐっと増え、何げない話題で盛り上がることもありますと、楽しげに語ってくれました。

言葉というのは「乗り物」にすぎないのです。乗り物に何を乗せるかで、相手に与える印象はまったく変わってしまいます。Tさんはそこに自分の気持ちを乗せることで、スタッフたちと共感することができるようになったのです。

若いスタッフたちは、上司である「オヤジ管理職」に自分をわかってほしい、認めてほしいと思っています。しかし、そこには年齢や職位の壁が立ちふさがっていて、自分たちからはなかなか心の扉を開くことができません。そんな若手スタッフの気持ちを、「オヤジ管理職」が自分のほうから察し、共感してあげることが大切なのです。

最初は少しだけでいいのです。Tさんのように、自分の気持ちをIメッセージを部下に伝えてみませんか。部下は自分たちの目線まで降りてきてくれたあなたに、これまで以上に信頼を寄せていくに違いありません。

私は、研修で訪れたサービス工場の若い整備士全員に「あなたは、どんなときにやる気が出ますか?」という質問をしたことがありました。一人の整備士がこう言いました。

「入社5年目になるのに、これまで一度も店長から声をかけてもらったことがありません。もし、店長から『ご苦労さん!』のひと言でも言ってもらえれば、僕はやる気になります」と発言したのです。

私は彼の言葉に驚きました。私が予想していた答えは、給料が上がったときとか、休みの前日といったものだったからです。

彼の答えはまさに自分の存在を認めてほしい、気持ちをわかってほしいという「共感欲求」だったのです。彼は、店長の口から、自分がこの「場」で仕事をしているという「存在感」を確認したかったのです。自分は役に立っているのだろうか、工場で貢献することができているのだろうか。絶えずこんな不安を持っていたのです。だからこそ直属の上司である店長から言葉をかけてほしかったのでした。**彼は5年間も店長の言葉を待っていた**のです。ずっと存在肯定も共感されることもない状態が続くと、自分は必要とされていないと感じ、「ここにいていいのだろうか、ほかに居場所があるのでは」と考えるようになります。**自己肯定感を感じることができないために、不安感で胸がいっぱい**になってしまうのです。

上司のスタンスとして部下の気持ちに共感しようという姿勢は、部下の存在肯定という観点からも、モチベーションアップという観点からも、極めて大切なことであることがおわかりいただけたと思います。

現在のように、先の見えない不景気感、閉塞感の中で、職場の空気は曇天のように重苦しくなりがちです。オヤジ管理職が部下に対して共感力を発揮すればするほど、部下は元気を取り戻していきます。職場の雰囲気を活力あるものにしていくのは、オヤジ管理職の心持ちひとつなのです。

第8章

これがオヤジの生きる道

1 「うなずき力」でオヤジは活きる！

なぜ「うなずき力」を駆使して部下を救い職場を救うのは、オヤジでなければならないのか――それはオヤジが人生経験、社会経験がともに豊富だからとお伝えしてきました。楽しいことも苦しいことも経験し、年輪を重ねてきて、オヤジには人間力が培われてきています。これだけは、若い世代には真似のできないことなのです。

相手のあるがままますべてを受け入れ、相手の今を理解することのできる「共感する力」はオヤジの持っている能力です。その「共感する力」を駆使し、若い部下の気持ちを理解でき、彼ら（彼女ら）を凝り固った意識から覚醒させ、自ら意欲を湧き出させていくことのできるのはオヤジなのです！　今こそ、年輪の重みが物を言います。

ここ数年で、人間の脳の仕組みを解き明かす「脳科学」が進展してきています。これは脳波計、近赤外光計測、ｆＭＲＩなどのハイテク機器の発達が大きく貢献しており、人間の脳内の働きがより鮮明に、より緻密に判明してきています。

同時に、人間の感情が行動にどのように関与しているのかという「行動心理学」の研究もまた大きく進展しています。

その中で明らかになってきたことは、**社会生活の中で何をするにしても、「人の感情が重要な出発点となっている」**という、「何を今さら」というような事実です。

昔から職場では、個人的感情を排除し、ひたすら効率を優先し、業務に励まなければならないという暗黙の了解が存在しています。

しかし、今日のように生活水準が先進国の中でもトップクラスとなり、商品が巷にあふれ、誰もがハングリーでなくなった日本では、人の欲求段階が1段レベルアップしています。従来は排除され続けてきた、**人の気持ちや感情を重視したリーダーシップが強く求められる**ようになってきたのです。

部下のモチベーションを高め、自ら行動する人間に変えていくには、共感することが最も効果的で近道だと述べてきました。部下の意欲を高め、彼らの発想や知恵、潜在能力を引き出すことができなければ、会社は厳しい競争の中で生き残ることができません。

イキイキ働く社員がたくさんいる会社は、業績も上がります。「社員満足度」の高い会社は、また新たな社員志望者を発掘していきます。

昔のように「働き手」があり余っている時代ではありません。一人が辞めても、すぐにまた人員を補充できるわけでもありません。それは**仕事内容がより専門職の色合いが濃くなってきている**せいもあるでしょう。

「オヤジ管理職」が「うなずき力」を発揮し、その能力を高めていくことは時代の流れに適合しているのです。

ここで、「うなずき力」で部下のモチベーションをアップさせたU課長の体験をお話ししたいと思います。

管理職になったからといって、誰もがすぐに部下をうまくマネジメントできるようになるとは限りません。むしろ部下をマネジメントしなければいけないという意識が先行して、部下との間がギクシャクしてしまいがちです。

新任管理職は、管理職という仕事は人を把握し、マネジメントすることで会社から評価されると考えがちです。しかも、マネジメントが行き届いているかどうかは、なかなか数値化したり、パッと目で見て判断したりしにくいものでもあります。新任管理職がついつい肩肘張ってしまうのも無理のないことかもしれません。

また、「自分が上に立って、会社を変えてやる」といった情熱を持った人ほど、管理職に就いた途端に急な改革に着手し始め、部下との温度差に軋轢を生んでいくという悲惨なケースもあります。

また、「人を把握する」つもりが、いつのまにか**「自分の思いどおりに動く部下」を作り上げようとしていたり、部下を一人の人間として見ることができなくなっていったり**というケースも少なくありません。そして、それらはすべて自分の考え方に夢中になっているうちに、周囲を冷静に見られなくなってしまっているだけなのです。

Uさんもそんな一人でした。

しかし、Uさんはふと立ち止まってみたのです。「ここにいる社員はみんな、縁あって一緒に仕事をしている『仲間』じゃないか」と。**仲間ならば、みんなが笑顔で働けるのがいいに決まっている**。そうUさんは考えました。

Uさんは部下を一人の人間としてありのまま認め、共感するように心がけました。「君が僕の部下であってうれしい」「同じチームにいてくれて心強い」というメッセージをできるだけ多く部下に投げかけたのです。

それは本当に些細な行為でした。たとえば、何かを依頼するときは必ず依頼する部下の名前を呼ぶ、話をするときには必ず視線を合わせて笑顔で伝えるといったことです。以前は部下に「頑張ってくれ」と声をかけていましたが、「頑張っているね」と肯定する言い方に変えていきました。

人は誰でも、自分を認めてくれる人、共感してくれる人と一緒に仕事することを望んでいます。Uさんは部下を見守る視点も意識したそうです。ミスはないか探しているような〝刑事の目〟ではなく、可能な限り天使のような温かさを持った〝エンジェルアイ〟でいようと試みました。そうこうして数カ月が経ったころ、Uさんは部下の表情が、以前より明るくなったことに気づいたそうです。

Uさんは自分自身の意識を変えるだけで、期せずして管理職としての大役を一つ果たしたのでした。

2　共感オヤジは真のリーダーになる

所長が正反対のマネジメントを展開している2つの営業所がありました。

A営業所では、営業職からの「叩き上げ」の所長が、従来からの「指示命令型マネジメント」によって、営業を管理し業績を維持していました。

朝、営業担当が出かけるときには「新規契約1件、オプション契約2件、再契約2件を取れるまで帰ってくるな！」、午後になると「○○さんは契約してくれたか？　△△さんはどうだ？　何がなんでも1件は取って来い！」、夕方営業が帰社すると自分の席に呼び、「今からでも遅くないから、電話してすぐに家まで行ってこい！」と恫喝します。所長という「権威」と「権力」から出発した、典型的な上意下達式の管理スタイルをとっていました。

これに対して、B営業所では、間接部門から営業所に異動となった所長がマネジメントをしていました。所長自身に営業経験がなく、営業のノウハウはもちろん、営業の厳しさも知りません。所長は就任したときに思いました。「俺は経験もないし、営業を従わせるほどのアイデアもない。それなら営業に〝おんぶに抱っこ〟といくか」と。所長は自分のマネジメントスタイルを、以前社内研修で覚えた「コーチ型リーダーシップ」でいくことに決めたのです。

「コーチ型リーダーシップ」の基本は、部下を肯定することです。所長は、上から目線で接するのではなく、**部下と同じ目線で一緒にやっていこう**と決めました。

朝、出社したら所長から営業やサービス担当に声をかける（挨拶による存在肯定）、営業が出かける際には、「よし佐藤、行ってこい。事故に注意しろよ」と声をかけ（名前を呼んで存在肯定）、営業所に戻った営業には「おっ、高橋、ご苦労さん！」と声をかける（気づきによる存在肯定）。所長はこうして声かけを続けました。

営業経験がない所長であっても、「所長」には変わりません。営業職からしても彼らのボスであることに変わりはないですし、営業所では最も上長の立場です。そんな所長から、個別に言葉をかけられるわけですから、営業担当たちも目の色が変わってきました。存在を認めてもらえているという自己肯定感は、営業たちに自信を与え、目の前の仕事に集中させていったのです。

また、所長が行ったのはそれだけではありませんでした。帰社後の営業報告を受け、契約が取れなかった営業からは、お客さんとのやり取りをすべて聞き、どうしたら話が展開するのか、お客さまを決心させられるのか、受注につなげられるのかを、一緒になって考え、知恵を出し合うようにしたのです。

B営業所の営業たちは、「この所長は今までの所長とはちょっと違う」と肌で感じ始めました。「所長は自分たちと一緒に頑張ってくれている」。そう気づき始めたのです。しかし、業績がすぐに上向きになるような変化は表れませんでした。

それでも所長はあせることなく、本部から巡回してくる営業部長に目標未達を追及されると、「責任は自分にある」とひたすら頭を下げ続けました。

一方のA営業所は、順調に目標をクリアしていました。A営業所にはトップ営業がいて、彼の頑張りが業績を維持し続けていたのです。彼の成績が振るわないと、所長がハッパをかけ、また彼が頑張る。その繰り返しでした。

B営業所は、所長が替わってから半年あまり、鳴かず飛ばずの営業成績が続いていました。営業所の雰囲気は良くなったものの、いまひとつ営業に「自ら考えて動く」という意識が足りなかったのです。

いつものように営業部長の巡回があり、厳しい叱責を受けたあと、所長は営業を集めてこう言いました。

「こんな状況では、営業部長に来るたびに俺は叱責される。みんな、俺を助けると思って踏ん張ってくれないか。俺もできる限りの支援はするから」

所長は、自分の置かれている厳しい立場や気持ちを、営業たちに正直に話しました。**勇気をもって自分自身の不甲斐なさ、頼りなさを全員にさらけ出した**のです。

それは一つの賭けでもありました。「こんな頼りにならない所長はいらない」と、せっかくつかみかけていた部下の気持ちが、一瞬にして離れてしまう危険性もあります。

しかし、営業たちに変化が表れました。営業たちが「所長に頼っていてはコリャダメだ」と見切りをつけたのか、営業経験がなく叱られてばかりの所長に同情したのか、いつも自分たちの味方をしてくれる所長に報いたいと思ったのかはわかりません。それでも、それぞれが自分のやり方で、見込み客の掘り起こしを始めたのです。

半年が過ぎる頃になって、若い営業たちも1件、2件と契約が取れるようになり、ベテラン営業はさらに調子を上げていきました。結果、すべての営業がそれぞれ契約を取れるようになり、B営業所はどうにかこうにか目標を達成できるようになったのです。

人は、自分の本心を隠したまま、あるいは気持ちをなかなか開かないままでは、お互いの信頼を得ることはできません。正体がつかめない相手には「この人はどんな人だろう」という不安感と、「利用されるのでは、だまされるのでは」という猜疑心が生まれるものです。これは人間の自己防衛本能が働いているせいかもしれません。B営業所の所長はプライドを捨てて、自分自身を部下にさらけ出した結果、部下がそれに共感し、各人の行動が誘発されていったのです。

これに対し、業績が順調だったA営業所は、ついに受注に陰りが見え始めてきました。トップ営業のマンパワーに頼っていた結果です。彼は自分のお客さまの需要を先食いし続けてきたのですが、とうとう「ネタ」が尽きてしまったのでした。

所長は朝礼だけに留まらず、常に一段とハッパをかけるようになりました。部下を威嚇し恫喝し続けましたが、業績は低空飛行のまま元に戻ることはありませんでした。

3 共感オヤジは人気者になる

ある店舗の店長から、「新入社員のVがどうも落ち込んでいるようなんだが、どう声をかけていいかわからない」という相談を受けたことがあります。

早速その店舗に行ってみると、営業が出払った事務所で、Vさんは一人ポツンと私が来るのを待っていました。

Vさんに事情を聞いてみると、「営業研修を受けて自分なりに一生懸命やってきているけど、まだ受注ゼロのままで営業所のみんなに申しわけがない。同期の仲間が次々に受注報告を上げているのを聞くと、ますます落ち込んでしまう。自分には営業は向いていないのがわかったので、会社を辞めようと思う」とのことでした。自分が情けないと思ったのか、溜まっていた気持ちを吐き出したせいなのか、Vさんは話しながら涙ぐむときもありました。

私は、その場でなぐさめの言葉をかけたり、励ましたりは一切しませんでした。**Vさんの状態を「ありのまま」に肯定し、彼が話すことを黙って最後まで聞いた**のです。

その後で私は店長と話し合い、Vさんにはしばらく新商品の販売ノルマを与えずに、周辺商品の販売をメインに担当させていこうということになりました。そして店長には、Vさんが何か一つでも周辺商品を販売してきたら、必ず褒めてあげるようにお願いしたのです。

Vさんの新商品ノルマは他の営業に分散されました。その意味では、営業職全員で彼を支えたともいえます。店長も彼の真面目な性格は買っており、「1年目で芽が出なくても、この先会社生活は長いから」と大きな気持ちで彼を見守ってくれていたのも幸いでした。

こうして翌日から、私は毎日店長に電話をし、Vさんが今日は何の商品を売ったか、そして店長はどんな言葉をかけてあげたのかを聞くことにしたのです。

数カ月間、彼は周辺商品だけを売り、その数もこなせるようになってくると、彼の態度にも変化が表れてきました。周辺商品だけを販売しているとはいえ、業績に貢献できるようになってくると、仲間の営業たちも彼を認めるようになりました。彼は自分自身に対する「自信」をいつしか取り戻し、その後、会社から与えられた新商品のノルマもきちんと販売できるようになっていったのです。

もし、店長がVさんに、「しっかりしろ!」、「そんなのは甘えだ!」とガミガミ言っていたとしたら、彼は間違いなく会社を辞めていただろうと思うのです。店長がVさんと正面から対峙するのではなく、彼の現状をありのままに認めて共感し、彼の「味方」になって話をしたのがよかったのだと私は思います。

もし、職場の同僚から「辞めたい」と相談されたら、または最近元気がなくて「コイツ、辞めちゃいそうだな」と感じる後輩がいたら、あなたは何と声をかけますか?

きっと、多くの人が何と声をかけてあげていいかわからずに、その場しのぎの慰めを口にしたり、「そんな甘えた考えじゃダメだ!」と叱咤激励したりすることでしょう。しかし、それが逆効果を生む場合も多々あります。「考えすぎだよ」「辞めたいなんて、一時の感情だから冷静になれよ」など、うわべだけの慰めは「結局他人ごとだよね」と相手をしらけさせますし、叱咤激励して相手の気持ちを変えようとするのは、その人の現状を否定することになります。現状を否定されれば誰でも落ち込み、冷静な判断ができないものです。言われた側は自己肯定することができません。深く落ち込むと同時に、この職場では自分は必要とされていない、辞めて他の会社に行こうと考えてしまいます。

あなたがすべき正しい行動は、まずは**「辞めたい」と思っている人の思いをすべて聞いてあげる**ことです。途中で口をはさむことなく、相手の目を見ながらうなずいて、聞き役に徹すること。すると、相手はどんどん自分の気持ちを吐き出しやすくなりますし、そうして聞いているうちに「相手が今どんな反応を期待しているのか」が見えてきます。あなたの「うなずき力」が機能するのです。

「辞めたい」と言いながら、辞めたい理由を愚痴りたいだけの人もいれば、体に不調を来すほど、精神的に追いつめられている人もいます。相手の気持ちに寄り添うことで、おのずとかけてあげるべき言葉が見つかることでしょう。相手の現状をあるがままに肯定し認めることで、相手は自分と同じ側に立ったと感じ、同じ方向を眺めることができるようになるのです。

会社を辞める、辞めないは、結局のところ本人の意志であり、私たちが無理矢理変えることはできません。しかし、**管理職の立場で、部下に辞められて困るのであれば、それを率直に伝えるべき**です。もちろん、部下が辞めると自分の評価が悪くなるから、仕事の負担が増えるから、などという「自分目線」での引き留めは、相手に見破られてしまいます。ここでも、Ｉメッセージが役に立ちます。

「（私は）君に辞めてもらいたくないんだけどな」

「普段口にはしないけど、（私は）君に期待しているんだよ」

相手の話をすべて聞いてあげた上で、心を込めて「君は必要な人だ」「辞めてほしくないんだ」という思いを伝えましょう。そして、相手の話から改善できる点が見つかれば、一緒に同じ方向を眺めながら、ここはこうしたほうがいいだろう、見守っていてあげるから一緒にあそこを目指そうと話してあげることです。

もしかすると、あなたがそこまで見ていたことを知って、相手は内心驚くかもしれません。それは、悩んでいる人は、大抵自分一人で悩みに立ち向かっているからです。「こんな気持ちになっているのは自分だけだ」と孤独感を感じていることでしょう。だからこそ、同じ側に立ち、味方になってくれる人がいるだけで、相手は勇気が出てくるのです。

「もう少し、この会社で頑張ってみよう」。そう思ってもらえたら、あなたの株も急上昇です。

Wさんは別の部署から異動してきたマネージャーでした。Wさんには、異動直後から気になる中堅スタッフがいたといいます。

Wさんは、彼ともっと話す機会を増やして、コミュニケーションを図ろうとしました。彼を呼んでいろいろと仕事の指示をすることにしたのです。何回も指示することで自然にコミュニケーションが取れ、互いに気心が知れてくるだろうと考えたのでした。

しかし、3~4カ月続けても、関係が何も変わっていないことにWさんは気がつきました。依然として彼との壁は取り払われていない感じがしていたのです。

そこでWさんは、今までの指示スタイルをやめ、今度は彼に報告させて話を聞くことにしたのです。Wさんは聞き役に徹したのでした。話の途中でうなずくことも忘れませんでした。

しばらく続けているうちに、彼の表情は以前の緊張し強張ったものから、にこやかなものに変わっていきました。朝もWさんの顔を見ると、明るく挨拶をするようになったのです。彼の変化に自信を持ったWさんは、他のスタッフにも同様のやり方で接するようにし、結果、誰とでも気兼ねなく会話が弾むようになったといいます。それによって従来よりも、スタッフからWさんに入ってくる情報量が多くなったそうです。

第9章
共感オヤジは未来を拓く

1 共感オヤジは夢を語れ！

「ＥＱ」（Emotional Intelligence Quotient）という単語を耳にしたことがあるかと思います。ＥＱは、米国で理論化された概念で、ＩＱ「知能指数」に対してＥＱ「心の知能指数」と呼ばれる概念です。ＥＱ値が高いということは、**自分の感情をコントロールする能力や他人の感情を察知する能力が高い**ということになります。

ＥＱ値が高いと、周囲と良好な人間関係を作ることができるため、周囲からの援助や支援が得られやすくなります。したがってＥＱ値が高い人は、周囲の人が持っているさまざまな知識や情報を集めることが得意であるともいえます。結果、**ビジネスや人生で成功する確率が高くなる**とされています。

このＥＱという視点は、今日のような社会が訪れたことで、世の中に受け入れられるようになりました。生活レベルを向上させるために、誰もがハングリーだった高度成長時代にあっては、ビジネスの現場でも実績を上げることが至上命題でありました。つまり「円満な人間関係づくり」より「実績がすべての時代」だったわけです。

当然、当時はＥＱに対する理解もありませんでした。しかし、今日のように生活レベルも世界屈指の水準になると、それまでは問題にされなかったＥＱの考え方が理解されるようになったのです。ＥＱ値が高い円満な人間関係を築くやり方のほうが、ＥＱ値が低い従来の軍隊式上意下達型のやり方よりも、比べてみると生産性が高いということに気がついたというわけです。

昔のような「実績を上げるためには手段を選ばない」という考え方は、今日の時代にそぐわないですし、生産性も低いことが周知の事実になりました。その結果、実績を上げるために罵倒・叱責といった恫喝を駆使し、社員を威嚇し動かすというやり方は減り、**円満な人間関係の中で意欲や発想を引き出し、自律的に行動してもらおうという流れ**に向かってきています。

それは、「作れば売れる時代」の〝荒っぽいマネジメント〟から、「物が溢れて売れない時代」に対応した〝精緻なマネジメント〟にシフトしてきたともいえます。〝精緻なマネジメント〟のもとで働くほうが、社員の意欲や発想を広く集めることができ、**結果的に社員も幸せになれる**からです。

その〝精緻なマネジメント〟というのが、「共感力」によって相手をインスパイアし、「やる気」を引き出す職場運営方法というわけです。

企業の今昔を考えてみてください。30年前は、パソコンがやっと普及し始めた頃です。社内にパソコンができないオヤジ世代がいても、何の問題もありませんでした。しかし、今は一人1台のパソコンが当たり前で、営業先にまでノートパソコンを持っていくような時代です。それによって、「パソコンができないオヤジ」というのは激減したと思います。ワードやエクセルは使いこなせなくても、企画書は作成できる、ブラインドタッチや両手でタイピングができなくても、メールは送れる……といったように、社会人生活に困らない程度の操作ができるのが当たり前になっています。つまり気づかないうちに「オヤジ世代」も、数十年前から比べると〝進化〟してきたのです。同様に、社会の進化に対応するようにビジネス現場の運営のやり方も進化していることがおわかりいただけると思います。その意味で「共感力」を前面に出していく職場の〝精緻なマネジメント〟というのは、まさに**社会の進化に対応したこれからの時代のマネジメントの方法**なのです。

ひと昔前、オーナー企業が多かった時代には、「会社をどうしたいか」という思いは経営層の問題であり、社員は「自分たちがいかに幸せになれるか」と個人の将来に目を向けていました。

しかし、数年前から「CSR」が取り上げられてきているように、経営層の目は会社の方向性をどうするかはもちろん、「会社がいかに社会貢献できるか」に向いてきたように思います。そして社員たちもまた、個人の幸せはもちろん、「自分たちの会社をどうしたいか」に目を向けるようになってきたのです。それは、「会社の成長」が自分たちの幸せにもつながることを理解しているからではないでしょうか。「会社の成長」とは、業績を伸ばす、規模が大きくなることだけを指すのではありません。福利厚生や社員の働きやすさなど、内部を充実させる「会社の成熟」も含まれます。そういう意味でも、会社と社員が「ギブ&テイク」で対等な立場に立てる、いい時代になったといえます。

社員の意識が「会社をどうやってよくしていくか」に向けられている今、**「共感オヤジ」は、ぜひとも夢を語ってほしい**と思います。壮大な夢である必要はありません。小さな目標の積み重ねでもいいのです。たとえば、「目標を3カ月連続で達成できたら、自分が課長職に就いて以来の新記録だ」「営業エリアを新規開拓して拡大し、第二営業所を作りたい」など、何でもいいのです。そして実現するためのビジョンや方針を明確に示し、部下たちに「君たちがいれば実現できると思うから、協力してくれ」とお願いをします。部下たちが「おもしろそうだな」「それなら実現できそうだ」と共感してくれることが大切なのです。

会社が大きくなっていく一方で、「歯車」に徹する社員が増えてくるのも事実です。言われたことを、言われたとおりに黙々とこなしていくだけ。それは、自分を出さなければイヤな思いも、面倒な思いもしないですむし、目の前のことをこなしていれば黙っていても給与が入ってくるわけですから。**「出る杭は打たれる」といいますが、あえて「出ない杭」を選ぶ社員も少なくありません。**

ですが、これまで何度も述べてきたとおり、「物がなかなか売れない」時代にあっては、社員の発想力・行動力がない会社は淘汰されていく厳しい現実があるのです。

あなたが夢を語り、部下が共感し、それによって積極的な事業活動が行われれば、会社はますます「成長」していくことでしょう。

「うなずき力」が有効なのは何も職場に限ったことではありません。

たとえば家庭。家庭のあり方というのも、時代とともに変化してきています。

まず、親父の威厳の失墜。ドラマ「寺内貫太郎一家」の寺内貫太郎や、アニメ

「巨人の星」の星一徹のような、「ちゃぶ台返し」を必殺技とする親父はほぼ絶滅状態にあるのではないでしょうか。「亭主元気で留守がいい」という言葉が流行りましたが、まさに**「父親不在」の家庭**は多くなってきています。

一方で、共稼ぎの家庭も増え、子どもと母親が一緒に過ごす時間も、昔より随分と少なくなりました。子どもたちは、習い事や塾に時間を取られ、「サザエさん」一家のように家族全員で食卓を囲むのも当たり前ではなくなったのです。

ますます親父と子どもの会話や接点が少なくなり、子どもが何を考えているかわからない……というオヤジも少なくないのではないでしょうか。

自分のことをよく知らない、話も聞いてくれないのに、頭ごなしに「あれしろ、これしろ」「あれはダメ、これはダメ」と指示命令ばかりしていては、子どもは親に心開こうとはしません。それどころか、顔を合せないように自分の部屋にこもってしまう可能性もあります。

ここで、これまでに習得してきた「うなずき力」を発揮するのです。

週に1回、難しければ月に1回、必ず会話を持つ時間を作ってみてください。そして、子どもの話をうなずきながら、すべて聞いてあげるのです。批判や指示は一切しないこと。それによって、最初は話題が少なくても、少しずつ子どもたちは

「お父さんは何でも話を聞いてくれる」「僕（私）の気持ちをわかってくれている」と安心し、いろいろと話をしてくれるようになるはずです。

そしてアドバイスをしたり、注意をしたりする場合もIメッセージを使えば、子どもたちも素直に話を聞いてくれることでしょう。

「お父さんはこう思うけど、お前はどう考えているの？」

「もし、本気でお前がそう考えているとしたら、お父さんは悲しいな」

など、**子どもの意見を尊重しながら、再考を促すことができます**。頭から子どもの考え方を否定するのは、子どもの現状を否定することだと肝に銘じてください。

できることなら、**子どもに自分の夢を語ってあげてください**。それは部下に語った夢と同じでも違っていてもいいでしょう。その目標に向かって自分が頑張っていることを、子どもに共感してもらうのです。すると、子どものほうでも自然と「自分も何か目標に向かって頑張ってみよう」という気持ちが湧いてきます。

多くのオヤジが理想とする「何でも話を聞いてくれて、頼りになるお父さん」になれるのも、そう遠い話ではありません。

2 共感オヤジは部下のために生きろ

ここまで読みすすめてきてもまだ、

「部下にいちいち共感するなんて甘っちょろすぎる。こんなことでは部下がつけ上がるし、売り上げだって落ちかねない」

「もっと仕事は厳しくあるべきだ。ちやほやしていたのでは、今の厳しい時代に立ち向かっていけない」

と感じている人もいるかと思います。その考え方自体は否定しません。しかし、**今すぐ意識改革をする**必要があります。

現在45歳以上の人は、「外的コントロール全盛期」に教育を受け、会社では上司や先輩から「外的コントロール」を行使されて、叩かれながら鍛えられてきた世代です。とすれば、「外的コントロール」が通用しない時代になっているということなど認めたくないことでしょう。なぜなら、「今度はオレの番!」だからです。

しかし、冷静に周囲を見回してみてください。もしかすると、**あなたが部下の「やる気」を減退させ、職場の生産性の足を引っ張っている原因そのもの**かもしれません。

昨今の職場は、「外的コントロール世代」と、「外的コントロール」に嫌悪感を持ち、免疫を持たない世代が混在して仕事をしている状況にあります。「外的コントロール世代」であるあなたから言わせれば、ここで「外的コントロール」をやめるということは、あたかも価値観を若者に合わせてしまうかのように見えるかもしれません。あるいは、共感して部下の気持ちを酌んであげるような言動は、部下を甘やかしているように思われるかもしれません。

実際に企業の職場を覗いてみると、きわめて多くの上司が、毎日部下と勝ち負けの勝負をしている姿を目にします。双方ともに、なんとかして自分の立場を相手よりも上位につけようとするのです。そして上司は自分の本音を言ったら、部下から見下されると考える傾向があります。

あなたも毎日職場で、どちらが勝つかの闘いをしていませんか？　**上司は常に強く見られなければダメでしょうか。常に自分が1番でなければダメでしょうか。**

ここで、私からの提案です。上司として一歩大人になり、**「部下を1番にしてやりたい」という上司**になってみませんか？　自分から若い世代の考え方に一歩近づいてみるのです。今の若者は、あなたのように打たれ強くはありませんが、優しく素直です。あなたが鎧を外して弱さを見せたとしても、槍で突いてくることはありません。

以前、私がマクドナルドに行って注文の列に並んでいたときのことでした。明らかに入りたてと思えるアルバイトの若い女性が、目の前に立って注文しているお客さんにマニュアルどおりに話しかけていました。「お客さま、今、マックシェイクがお得です」「今ならマックフライポテトMサイズがついてきます。いかがですか？」しかし、すでに注文ずみのお客さんは「いいです」とキッパリ断りました。彼女はめげずに、次のお客さんに対してもハキハキした声で同じセリフを繰り返しました。残念ながら、お客さんもみんな同じ反応です。

そんな状況が何人か続いたとき、さすがに彼女は「これではいっこうにマックシェイクが売れない。いくらすすめてもムダだわ」と思ったようでした。急に、斜め後ろを振り返ったのです。変な行動だったので、私も彼女が見た方向に視線を移しました。すると、そこには店長と思われる男性が立っていて、彼女のほうを見ていたのです。そして、その男性はニコッと笑みを浮かべて、右手で女の子に向かってサッと「ＯＫ」サインを出しました。

彼女はそれを見て気を取り直したのか、再びお客さんに「お客さま、今、マックシェイクがお得です……」とすすめ始めたのでした。私はこれがまさに、上司と部下が共感した瞬間だと感じました。

店長は彼女の気持ちをちゃんと理解していたのです。ＯＫサインは、「それでいいんだよ。断られ続けても、それでいい」という意味なのだなと思いました。実際、彼女はまた同じ行動を続けるようになったのです。

彼女は店長に、自分がムダかもしれないと不安になった行為に対して、肯定してもらいました。「店長がＯＫと言っているんだから、これでいいんだ」と安心したわけです。もう、どれだけお客さんに断られても、彼女はめげることなくセリフを繰り返せるはずです。

3 共感オヤジは社会を救う！

オフィスに入った瞬間から、ふっと活気が感じられ、誰ものびのびと仕事をしている職場があるものです。その一方で、なんとなく暗い印象で、誰もが背を丸めるように働いているような職場もあります。たいがいそういう職場は**「職場の風通しが悪い」「方針が社員に徹底されにくい」などの悩みを抱えている**のです。

職場の雰囲気というものは、そこで毎日働いている社員一人ひとりが、どれだけ気持ちを通い合わせて仕事をしているかに左右されます。会社の業績向上を第一の使命とする管理職であれば、生産性を向上させるためにも職場の雰囲気を良くすることは必須です。

実際、現在のような低成長時代にあっては、職場ではいろいろな意味で閉塞感を感じているものです。放っておけば職場の雰囲気も沈みがちです。「共感オヤジ」は、個人レベルで「うなずき力」を行使することから、もう一歩進めて「職場レベル」にまで広げ、職場の活性化のために積極的に活用していくことが求められています。

繰り返し述べてきましたが、人間本来の根源的欲求には「人に共感してもらいたい、認められたい」という「共感欲求」があります。それを受け止め、部下にあなたの共感を存分に与えてあげてください。自分の今を共感されることで、部下は安心して未来に向かって全力を出していきます。そして、部下は自分の「共感欲求」を満たしてくれたあなたに深く感謝し、貢献したい、役に立ちたいと思うはずです。こうしてあなたと部下との間に1つの〝シナプス〟でつながります。このシナプスを通っていく情報は、一方通行ではありません。双方向の情報伝達が行われていくのです。そしてシナプスでつながった社員が増えていくことで、職場は活性化していきます。当然、生産性も向上するでしょう。オヤジ管理職は今、職場をこのような状態に変えていくべきなのです。

営業が帰ってきたときの様子でその日の成果はわかるものです。「鈴木くん、ご苦労さん」と存在を肯定し、相手の気持ちに共感する言葉をかけてあげてください。うまくいったのなら褒める言葉を、うまくいかなかったのなら今後の対策を。うまくいかなかった営業がねぎらいの言葉をもらえなかったとしたら、その人はあなたの冷ややかな態度を感じて、行き場のない気持ちをどう処理すればいいでしょうか。「オレの期待に応えられたら、ちゃんと褒めてやろう。共感してやろう」という姿勢で待っていたとしたら、実現できるのはいつのことでしょうか。

結果を出せば共感してやるけれど、結果を出さない人間には共感してやらない。そんな思いはあなたの体から自然とにじみ出てしまいます。

成果の良し悪しには関係なく、とにかく「ご苦労さま」という気持ちで部下に寄り添い、共感してあげてください。そうすれば、部下は明日こそは成果を出そうという新たな意欲が湧いてくるのです。

私は、いろいろな企業研修を行ってきた中で、よく耳にする「風通しのよい組織」や「活性化した職場」とはいったいどのような状態を指すのかを考えてきました。もちろん、その答えは一つではありませんが、私が強く感じたのは、**その職場の上司が日々誰に対しても共感している職場である**ということです。自由に発言しても叱られない、何でも相談に乗ってもらえるという上司のもとで、「話しやすい雰囲気」が自然に醸し出されていきます。その雰囲気が職場全員の頭を活性化させ、新しいアイデアが浮かんだり、発想の転換ができたりするのです。

明るく生産性の上がる組織を実現しようとするならば、まず個々が互いに共感し合う風土を醸成していくことが必要です。特に最近言われているような「協調し合えない職場」や「関係が希薄化した職場」ではなおさらでしょう。

豊かな社会になった今日では、「うなずき力」を活用できる人財を、あらゆる組織、あらゆる場が求めています。今日のように、個人が疎外感や閉塞感を感じざるを得ない世の中にあっては、「うなずき力」をもって部下を認め、共感していくことでしか人々の凝り固まった気持ちをほぐすことはできません。「うなずき力」を活用することのできるオヤジ管理職こそ、個人や職場、そして会社を元気にしていくことができるのです。

会社が元気になれば、会社は社会に恩返しをしようと、社会貢献に力を入れ始めます。たくさんの企業が社会貢献活動を活性化すれば、社会はもっとより良いものになっていくでしょう。「風吹けば桶屋が儲かる」ではありませんが、**「共感オヤジ」の活躍で、会社はもとより社会さえ救う**ことができます。

男ならば、誰もが悪役をなぎ倒す正義のヒーローに憧れたと思います。悪役を倒す腕力がなくたって、**あなたは子どもの頃に憧れた正義のヒーローになれる**のです。たった一つ、「うなずき力」という武器を手にして。

第9章 共感オヤジは未来を拓く

あとがき

私が「コーチング」という言葉を初めて聞いたのは、会社のコーチング研修でした。最初は、「たいしたことはないだろう、どうせいつもの研修だ」と思って気楽に構えていました。

ところが実際に研修を受けてみると、今までとまったく様子が違っていました。長いサラリーマン生活の中でずっと引きずってきた疑問や悩みが、次々に解明されていくのです。目の前がサーッと開かれたような感じでした。

それまでの私は、「こういう場合は、こう言ったほうがいいのだろうなあ」とか、「こんなときはこう振舞ったほうがいいだろうなあ」と、経験則的に漠然と考えていたように思います。しかし、コーチングを知ることで、それらが一つひとつ理論的に解明されていくのがわかりました。自分の感覚にピタリときたことを今でもはっきりと覚えています。ずっと抱いてきた疑問に、次々と答えが出てくるなんて、面白いなと思いました。同時にコーチという職種があることに興味を持ちました。

「自分がそうであったように、多くの社会人がもったいないくらいに精神エネルギーを消費してしまっている。ほんの少し視点を変えるだけで、たったこれだけの知識を得るだけで、気持ちが安定して仕事に集中できるのに……」と思うのと同時に、「同じストレスを抱えて仕事をしている人たちに、もっと効率的な方法を気づかせてあげたい」という衝動にかられました。それがきっかけになり、私はコーチになる決心をしたのです。

コーチング研修を行うようになって感じているのは、昨今は職場の空気、特に上司と部下の関係がギスギスしてきているということです。

この閉塞感だらけの時代の中、成果を出していくのは並大抵のことではありません。それでも何とかして成果を出したい、出さなければならないという気持ちが、成果主義という枠の中で、さまざまなストレスを生む要因になっているように思えます。一生懸命さ、生真面目さ、強い責任感が、かえって裏目に出てストレスを促進しているように感じるのです。

市場が成熟化して久しい今日、すでにマーケティングは通用しないともいわれています。こんな状況であるからこそ、若手の柔軟な発想力や創造力は強力な武器になるのです。若手の英知を引き出していくのが、我ら「オヤジ」の役目であり「うなずき力」であるわけです。

本文中でも触れましたが、「うなずき力」は何も職場だけで必要とされるものではありません。家庭の中でもぜひ使ってほしいのです。お父さんやお母さんがほんの少しだけ子どもの気持ちになってみることで、無用ないさかいを起こさなくてすみます。いつもとは言いません。一日たった1回でもいいのです。

子どもには、私たち大人が共感しようとする心をもって接していくことが大切なのではないでしょうか。一歩引いて子どもを眺めていく、気持ちをわかろうと注意を注ぐ。大人がこのような姿勢を見せていくことで、子どもは安心して自分の気持ちを口にすることができるのだと思います。

大人が感じているように、子どもたちもこの時代の中で、さまざまなストレスを感じているのです。

「心の扉は内側からしか開かない」といわれています。特に子どもはその傾向が強いものです。日々の生活に追われ、どの家庭でも、お父さん、お母さんは疲れています。ついつい子どもに強い言葉を投げてしまうことがあるものです。

そんなとき、ちょっとだけ自分が子どもだった頃を思い出してみてください。あのとき自分は、親にどうしてほしかったのか、どんな言葉をかけてほしかったのか……。

「親が自分の気持ちを考えて、言葉をかけてくれている」と子どもに伝わったとき、親子の心はつながります。いつか子どもが成長して自立したとき、あるいは子ども自身が親になったとき、あなたが自分をそのように扱ってくれたことをきっと思い出すに違いありません。


オヤジ管理職のみなさん、最後まで本書を読んでいただき、本当にありがとうございます。この本は私の初めての本です。それを手に取ってくださったことを深く感謝いたします。

私があなたに望むことはたった一つです。

「オヤジ」であるあなたに、ご自身の中にある「うなずき力」を十分に活かしてほしいということです。そして、自分の大切なご家族や、かわいい職場の部下たちを元気にしてあげてください。さらに欲をいえば、「うなずき力」を活かしていくうちに、いつしかあなた自身も元気を取り戻してほしいのです。

先の見えない不安を抱え、疲弊感が蔓延している世の中であるからこそ、あなたの力が必要です。まずは自分の周囲から元気にしてあげていってください。あなたの今後のご活躍を深くお祈りしています。

最後に、今回の出版にあたり、背中を押してくださったプロデューサーの残間里江子さん、アドバイスをしてくださった樺木宏さん、企画書や原稿を精読し、出版を決断してくださったNanaブックスの吉積倫乃さん、豊田健一さん、そして最後まで編集作業におつき合いしてくださった田村麻由美さんに深く感謝いたします。ありがとうございました！

ご意見・ご感想はこちらまで

ブログ：「コーチのひとり言」

http://coach-japan.cocolog-nifty.com/blog/

私が日常の中で目や耳にした「ヒト、モノ、コト」について感じるまま徒然なるままに文字にしております。

「All About」専門家ページ

http://profile.allabout.co.jp/pf/suzuki-seiichirou

株式会社オールアバウトが運営するサイト「All About」内にある私のページです。かなり力が入っているサイトです。ここからご相談などをお受けしております。「All About」は全国の各分野のスペシャリストを紹介しているサイトです。

鈴木誠一郎個人ホームページ

http://www2s.biglobe.ne.jp/~musimusi/coachtop.index.html

私が自分で作ったサイトです。正直いまひとつあか抜けないサイトだとは思いますが、素人によるものですのでどうかご容赦ください。

ツイッター

http://twitter.com/GOEMON905

人とのコミュニケーション上での大切なポイントや気づきを、メモするようにつぶやいています。「フォロー」していただければ大変うれしいです。こちらも必ず「フォロー」させていただきます。また、いろいろなご意見やご感想もいただければ幸甚です。

広げよう！ うなずきの輪

無料メールマガジン

「幸せを呼ぶ魔法のほめ言葉」

まぐまぐ：http://archive.mag2.com/0001112765/index.html

メルマ！：http://www.melma.com/backnumber_185371/

人に共感していくには、まず人の気持ちに寄り添うことが大切です。人の気持ちに寄り添う良い方法は相手を肯定することです。
ほめ言葉をかけることは、相手を肯定する一つの行為です。ここでは毎日一つのほめ言葉を解説つきでご紹介しています。即利用可能です。ここで使えるほめ言葉を仕入れてください。

鈴木　誠一郎（すずき・せいいちろう）

1955年京都生まれ。立教大学経済学部を卒業後、日産自動車株式会社に入社し、販売促進本部、営業企画部、地域戦略部など、主にマーケティングと戦略策定関連の業務に20年以上従事する。社内コーチング研修をきっかけに、自分の経験則的な感覚とコーチングの考え方が一致することに感動し、本格的にコーチトレーニングプログラムを受講。コーチをライフワークとすることを決意する。現在、プロのコーチとして企業研修などを中心に活動中。コーチングマネジメント実践会代表、ビジネスコーチ、職場マインドアップコンサルタント、プレゼンスコンサルタント、ほめ言葉評論家、(財) 生涯学習開発財団認定コーチ。

Nanaブックス
0097

うなずき力
部下をやる気にさせるオヤジ管理職マニュアル33

2010年10月28日　　初版第1刷発行

著　者――――鈴木誠一郎
発行者――――福西七重
発行所――――株式会社ナナ・コーポレート・コミュニケーション
〒160-0022
東京都新宿区1-26-6 新宿加藤ビルディング5F
TEL　03-5312-7473
FAX　03-5312-7476
URL　http://www.nana-cc.com
※Nanaブックスは（株）ナナ・コーポレート・コミュニケーションの出版ブランドです

印刷・製本――――萩原印刷株式会社（下条大造）
用　紙――――株式会社邦友（荒井聡）

カバーデザイン――――井上祥邦（yockdesign）
本文デザイン――――朝日メディアインターナショナル株式会社
イラスト――――室木おすし
編集人――――吉積倫乃
編　集――――田村麻由美
営　業――――豊田健一、花木東子、嶋田昌浩
販　売――――中嶋みゆき、張月華
校　正――――斎藤さち子

ISBN 978-4-904899-08-3